La Cuisine de Mont agne

À toi Jérôme, toi mon ami,
Nous n'avons jamais terminé ce déjeuner ensemble.
Tu es parti trop tôt.
ALEXIS-OLIVIER SBRIGLIO

CONCEPTION GRAPHIQUE ET MISE EN PAGE
studiofoltzer

PHOTOGRAPHIES
P. 190, 191 : © Antoine Barbot/Megève
P. 287 : © Daniel Durand/Grosset-Janin

PRÉPRESSE ET FABRICATION
Glénat Production

Couvent Sainte-Cécile
37, rue Servan
38 000 Grenoble
WWW.GLENAT.COM
contact@glenat.com

ISBN : 978-2-344-06715-4 / 001
Dépôt légal : octobre 2025

Alexis-Olivier Sbriglio

Textes de contexte patrimonial
Fabrice Gabriel
directeur de la fondation FACIM

La Cuisine de Montagne

Les jeunes chefs customisent *les* recettes de famille

Photographies
Dom Daher

Glénat

Somm

naire

Préface à vif par Marc Veyrat (Attention, ça va réduire à feu fort !)

J'ai été trois fois trois étoiles, deux fois 20/20.

Un record ? Une fierté ? Plutôt une cocotte-minute ! Parce qu'à ce niveau-là, t'as plus le droit d'envoyer des plats tièdes. T'es condamné à l'excellence. À l'audace. À foutre le feu dans les casseroles tous les jours, et à inventer sans concessions.

Ma vie, c'est un plat chaud-froid. Des grands crus de bonheur. Et des brisures, aussi. En 2005, un mauvais virage sur les pistes de Megève, et crac : *Marc en morceaux.* Mon corps en vrac, pendant que *La Ferme de mon Père* tournait à plein régime. À ce moment-là, j'étais seul face à la douleur… et puis il y avait Alexis. Alexis-Olivier Sbriglio, oui, le journaliste, le vivant, l'inclassable. Il m'appelait chaque jour. Pas pour me plaindre, pas pour pleurnicher. Pour me balancer des punchlines et me rappeler qui j'étais : « le chef Marc Veyrat ».

Alors un jour, entre deux doses de morphine et un rayon de soleil sur Megève, je lui ai transmis un secret. Pas un tour de passe-passe de chef. Non. *La cuillère aromatique de mon grand-père.* Un concentré d'héritage, de terre, de sève, de tout ce que la montagne respire.

À partir de là, on a tourné ensemble plus de 400 émissions pour la 8 Mont-Blanc. Des souvenirs à la louche. Des fous rires en cascade. Des fourneaux explosés, des mixeurs morts au combat. Des tartes flambées. Au sens propre. Parce qu'Alexis n'est pas un chef. Il est pire : il est libre !

Il n'a pas fait d'école hôtelière, mais il a un palais accordé à l'instinct, capable de détecter la moindre feuille de livèche, la moindre acidité planquée sous un beurre noisette. Et ça, ça ne s'apprend pas. Ça se sent.

On a goûté, testé, raté, recommencé. C'était pas une cuisine, c'était un laboratoire sauvage, un cirque culinaire, une scène d'anthologie. Pas de dressage figé, pas de pipette à la noix. Juste du goût, du feu, de l'émotion. Et des moments vrais.

Et voilà pourquoi je suis fier de préfacer son livre. Parce qu'il parle de *jeunes chefs*, de *vieilles recettes*, et surtout, de *vraie transmission.* Il a confié ici 39 recettes de famille à 39 chefs de moins de 39 ans. Et croyez-moi, ce n'était pas du gâteau. Certaines recettes sont rustiques, d'autres venues d'un autre siècle. Il les a choisies justement parce qu'elles grattent un peu. Parce qu'elles sortent les jeunes de leur confort d'induction et de siphon. Et ils ont relevé le défi. Mieux : ils en ont fait des bombes.

De Jérémy Trincaz, l'artisan du goût à *Abondance,* jusqu'aux petits fous furieux des Aravis, je vois là une génération qui n'a pas peur de tout caraméliser, de tout braiser, de remettre les mains dans la pâte.

Et puis il y a un autre truc que je veux vous dire, c'est moi qui l'ai présenté à Marc Esquerré, le directeur des enquêtes Gault&Millau. Lui aussi a eu le nez fin. Il a senti que ce profil un peu borderline, un peu hors cadre, ça pouvait coller avec la nouvelle énergie du guide. Résultat ? De *Marc à Marc*, Alexis a rejoint l'aventure Gault&Millau en 2019. Six ans déjà. Et ça envoie toujours du bois.

Alors à tous ces jeunes, je dis : soyez vous-mêmes, mais en plus salés. Ne figez rien. Ne lissez pas vos assiettes pour faire plaisir. La cuisine, c'est du vivant, du brut, du viscéral. Mettez du rock dans vos sauces. Du gras intelligent. Des souvenirs en croûte. Et si un jour quelqu'un vous dit : *c'est trop fort*, vous saurez que vous êtes sur la bonne voie.

Allez, feu !

Meilleur

Pour que la mémoire ait bon goût

René Meilleur

« La Bouitte », SAINT-MARTIN-DE-BELLEVILLE

Il y a des recettes qui valent bien plus qu'un plat.

Elles portent une époque, un territoire, une émotion. Elles racontent l'histoire des vallées, du silence des fermes aux rires des tables familiales. C'est pour cela qu'avec Alexis-Olivier Sbriglio, nous avons voulu poser la première pierre d'un conservatoire vivant des recettes de montagne. Un lieu, une idée, un élan pour ne pas laisser disparaître ce patrimoine culinaire trop souvent relégué aux marges des cartes de restaurants.

Ici, à Saint-Martin-de-Belleville, *La Bouitte*, c'est d'abord une aventure familiale, presque artisanale. Avec mon épouse Marie-Louise, et mes enfants Maxime et son épouse Delphine, nous avons transformé une petite maison de hameau en un haut lieu de la gastronomie alpine. Trois étoiles Michelin, 4 toques Gault&Millau, les éloges des plus grands guides français et internationaux, de *Michelin* à *Les Grandes Tables du Monde*, de *Fooding* à *GEO*, en passant par *Le Figaro* ou *La Revue du Vin de France*. Tous saluent la justesse, la poésie, la sincérité de notre cuisine de montagne. Ça tombe bien, on ne sait pas faire autre chose… c'est plus que notre âme, c'est notre vie tout entière.

Mais au-delà des distinctions, c'est ce lien au terroir qui guide notre travail depuis le début.

L'hiver, les gens viennent pour skier. L'été, ils découvrent une autre montagne : plus sauvage, plus tendre, plus vraie. C'est aussi l'ambition de ce conservatoire : montrer que nos recettes d'altitude ne sont pas figées dans la neige éternelle. Elles évoluent, se transmettent, se réinterprètent. Farcement, crozets, polenta, berlingot de beaufort, potée savoyarde, soupe de pois cassés aux herbes folles… Chaque vallée, chaque maison a sa version.

Mais encore faut-il les recueillir, ces recettes. Les écouter, les noter, les filmer, les refaire. Avec Alexis-Olivier, passionné de montagne et de mémoire vivante, nous avons imaginé un projet qui serait à la fois lieu de collecte, de transmission et de création.

Pas un musée : un laboratoire vivant, une scène ouverte pour les jeunes chefs, les mamies des villages, les boulangers du Val d'Aoste, les producteurs de lait d'Abondance. Un lieu où l'on déguste, où l'on apprend, où l'on échange.

Car aujourd'hui, ce sont parfois les fast-foods qui résistent mieux que les recettes du coin. Ce sont des livres oubliés, des savoirs oraux en voie d'extinction. Et pourtant, dans un monde qui a faim de racines et de sens, nous avons là un trésor fragile, qu'il nous faut protéger comme un vieux fromage de garde.

C'est aussi tout l'esprit de ce livre que vous tenez entre les mains.

Nous y avons rassemblé 39 recettes de famille, transmises à 39 jeunes chefs de moins de 39 ans. Parmi eux, des anciens élèves, des talents venus d'ailleurs, et même mon petit-fils Oscar, à qui j'ai confié une recette qui me tient à cœur. Le défi ? Ces recettes sont bien souvent éloignées des univers techniques des chefs. Mais leur manière de les adapter, de les réinterpréter avec respect et malice, raconte quelque chose de fort. Un lien entre les générations. Entre la tradition et l'avenir. Entre la mémoire et l'audace.

C'est ce que je vous invite à découvrir ici : un livre de transmission, de patrimoine et de passion. Une ode à la montagne, celle qu'on savoure autant qu'on l'habite.

La cuisine de montagne, le vrai goût de l'altitude

« RTF » vous connaissez ?

Non, il ne s'agit pas d'un groupe de rap ou d'un énième acronyme pour épater les bobos en société. Il s'agit simplement du trio gagnant de la montagne : Raclette – Tartiflette – Fondue. Des plats iconiques certes, mais qui ne doivent pas éclipser l'autre cuisine : celle des montagnards.

Alors, je suis parti en exploration, sur les traces de ces familles, de ces restaurateurs qui m'ont tant appris. Autant le dire tout de suite : je ne suis pas d'ici. Ce qui coule dans mes veines, c'est la cuisine à l'huile d'olive, bourrée de légumes grillés au soleil de Marseille. Et pourtant j'ai choisi de vivre ici, à l'ombre des épicéas et des sapins... au contact de cette nature brute et sincère, dans ces paysages qui me fascinent au quotidien.

Autant vous mettre à l'aise, je ne sais pas cuisiner, ou très peu. Et pourtant, je suis le passager clandestin de ces brigades toquées. Pendant des soirées entières, comme le personnage de Ratatouille dans le dessin animé, j'ouvre grand mes yeux sur un monde qui n'est pas le mien. J'écoute, je ressens aussi...

Souvent je traîne après le service, guettant le bon moment pour m'asseoir près du piano. Il faut parfois aligner quelques verres de chartreuse et de poire locale avant de parvenir à échanger avec ces hommes d'en haut, aux mains épaisses et rugueuses.

Mais je lis dans leur regard autre chose. Depuis les JO d'Albertville en 1992, Marc Veyrat, René Meilleur, Pierre Carrier, Jean-Pierre Jacob et tant d'autres ont su écrire les nouvelles pages de ces recettes d'autrefois. Ils ont su faire de nos alpages des garde-manger d'exception. En trente ans à peine, la cuisine de montagne est devenue l'une des plus étoilées de France. De Megève à Courchevel, de Val d'Isère aux rivages des lacs, il n'y a jamais eu autant de jeunes chefs amateurs de cueillette sauvage, pêcheurs dans l'âme ou taquinant le gibier.

Mais que connaissent-ils de ces plats d'autrefois ? Auront-ils envie de retravailler ces recettes roboratives, qui n'avaient qu'une seule fonction : nourrir l'homme et lui éviter d'avoir froid dans un hiver sans fin ? Vivre en altitude n'a plus rien à voir aujourd'hui. La plupart de nous vivons ici comme des urbains, avec à portée de clics la *world cuisine* et les affres de la junk food. Dans ce monde qui s'accélère, je vous propose ainsi de marquer un temps de pause, en feuilletant avec nous quelques-uns de ces témoignages d'époque.

Derrière chacune de ces assiettes, on mesure avec justesse la vie d'autrefois. Très peu de viande, de fromage... beaucoup de légumes, et un besoin : tenir chaud encore et encore, et faire de ces précieux instants, un moment de réconfort après tant de tâches pénibles dans une montagne – à peine – domestiquée.

Alors que certains prêchent des concepts comme la « décroissance » ou la « résilience », souvenons-nous des leçons de cette cuisine paysanne quotidienne. Nos ancêtres ne jetaient rien et réutilisaient tout. Nos trésors sont dans les plats les plus simples, et c'est ce voyage que je vous invite à partager avec moi.

En route pour une aventure culinaire unique, à la redécouverte de la cuisine de montagne, celle qui réchauffe le cœur autant que le corps.

La food ou

Je fréquente plus de trois cents restaurants par an.

Oui, une véritable folie gastronomique qui pousse mon foie à explorer des chiffres inédits dans mes analyses sanguines. Cholestérol, triglycérides, et même des gamma GT, voire GTI avec injection ! Mais qu'importe, le gras et le sucre, c'est bon pour l'âme. Et pour mon plaisir personnel, c'est déjà ça.

À force de m'attabler un peu partout, je pose souvent ces questions qui peuvent sembler incongrues à certains :
Quelles sont vos spécialités ?
Y a-t-il un plat incontournable ici ?

Et là, je lis souvent dans les yeux de mon interlocuteur un mélange d'effroi et d'agacement, suivi d'une réponse aussi tranchante qu'une lame d'Opinel : *Ici, tout est bon !* Un haussement d'épaules, le torse bombé de certitudes. Remis à ma place, je retourne à ma lecture, en tentant d'éviter les poncifs de la cuisine bistrot. Le sempiternel tataki de thon, le ceviche de dorade, la burrata… Trop souvent mis à l'honneur. Un non-sens, surtout ici, à plus de 1 000 mètres d'altitude, où les cartes des restaurants s'alignent sur celles de Deauville ou Paris, avec quelques variations.

Alors, je pousse un peu plus loin :
Et qu'avez-vous comme spécialités locales ?
Des plats de montagne, peut-être ?
Réponse : *Ah non, les spécialités, ce n'est pas chez nous ! Allez en face, ils font des raclettes, des fondues, des trucs comme ça. Désolé, on n'a pas ça ici.*

Et me voilà coincé entre deux options qui me laissent perplexe : d'un côté, des ersatz de cette nourriture mondialisée, de l'autre, des plats réchauffés et dégoulinants de fromage.

La food ou la fondue, pas d'alternative ?

C'est sans doute cette question qui a été le point de départ de ce livre. J'ai eu envie de partir à l'aventure, de comprendre ce qu'on mangeait ici autrefois. Du beaufort ou du reblochon passés au grill ? J'en doute. Dans ces contrées montagnardes, avant le ski, il n'y avait pas grand-chose. Les terres agricoles étaient rares, la production difficile. La neige, la glace, des hivers impitoyables régissaient la vie d'antan dans les fermes.

Sommes-nous certains que les gens d'ici consommaient leur fromage, alors que c'était leur principale richesse ? De temps en temps, peut-être, mais j'ai le sentiment qu'une autre cuisine, plus discrète, se cache derrière. Et cela m'intrigue.

Avec le chef René Meilleur, nous avons relevé un défi, soutenus par *Le Dauphiné Libéré :* interroger les familles, comprendre quelles étaient les recettes d'autrefois. Ainsi est né « Le conservatoire des recettes de montagne ». Nous avons voulu que nos travaux restent ici, à *La Bouitte.* Depuis 1976, René et Marie-Louise sont les symboles du travail et du courage au quotidien. D'un simple champ de patates, ils ont bâti un hôtel de luxe cinq étoiles, gravissant un à un les échelons de l'hôtellerie et de la restauration avec une constance sans faille. Mais nous n'étions pas seuls…

la fondue ?

Dans cette aventure, nous avons voulu croiser d'autres compagnons de route.

Dès le départ, le nom de Georges Paccard sonnait comme une évidence. Fils de charcutier à Annecy, il a fait son apprentissage dans mon village de Megève auprès de Monsieur Ripert au *Capucin Gourmand* sur le bas de Rochebrune. Puis bien plus tard avec sa femme Marie, ils ont écrit les plus belles pages de *La Ciboulette* dans la cour du *Pré Carré* à Annecy. J'ai eu l'occasion de parcourir le fameux marché de la place Sainte-Claire avec lui. Georges, au volant de son triporteur à pédales, les sacoches en cuir débordant de légumes frais. Rien que de le voir mettait en appétit. Dans notre affaire, Georges allait nous aider à comprendre les bases des produits d'autrefois de la cuisine des familles.

Puis Jacques Dubouloz est entré dans notre aventure. Il était essentiel d'avoir avec nous un fin connaisseur de ces fromages alpins, pour mieux appréhender avec lui leurs noms, leurs producteurs, et aussi les méthodes de travail. Ce grand bonhomme à la silhouette fine parcourt les montagnes sans relâche à la découverte de beaux persillés, ou de pâtes cuites généreuses. Grâce à lui, nous avons bien compris que ces fromages sont à chaque fois des univers à part. De l'entame à la croûte, de la pâte au parfum… tout est important dans un grand fromage. Cela confirme aussi ce que je pressentais. À quoi bon les fondre à tout prix ? Les agriculteurs le disent aussi : *Sur la planche, au couteau, rien de mieux !*

J'avais aussi besoin de comprendre comment étaient structurées les cartes des restaurants d'autrefois. Est-ce que les recettes locales étaient présentes dans ces grandes auberges familiales ? Dans les repas du dimanche, pendant les communions, y avait-il une place pour cette fameuse cuisine de montagne ? Jean-Pierre Jacob était l'homme de la situation. Ses parents ont ouvert en 1956 l'*Auberge Savoyarde* au Bourget-du-Lac. Puis à Courchevel, à *La Pomme de pin*. J'ai le souvenir de cartes très grandes, bien écrites avec des pleins et des déliés, mettant à l'honneur les poissons de lac, et aussi une cuisine proche des maisons lyonnaises.

Il est impossible de s'arrêter là. L'art du vin est essentiel dans nos montagnes. D'autant plus que l'utilisation de certains sarments est utile pour la préparation de plats locaux tels que les diots. Du blanc au rouge et maintenant au rosé, les cépages savoyards ont de vraies typicités et caractères. Michel Grisard les connaît bien. Un à un, il les a cartographiés, pour créer cet outil unique : le centre de l'ampélographie alpine à Montmélian.

D'autres personnes nous ont aidés, nous n'en sommes qu'au début de ces investigations. Et n'oublions jamais : l'oralité est le seul et unique moyen de transmettre ces recettes d'antan. Le risque, nous le connaissons : sans codification de cette cuisine, nous risquons de perdre ces recettes locales à tout jamais. C'est pourquoi nous souhaitions être tous mobilisés, et à notre juste place.

Entrées chaude froides

Quand la monta

Pourquoi les entrées ? Parce que ça dérouille le palais ! C'est l'échauffement avant le grand match, le prologue qui pose ses bases. En montagne, elles sont le point de départ de la randonnée, là où tout commence. On enfile ses chaussures et on regarde le sommet droit devant soi.

Des salades de pissenlits qui claquent, des charcuteries maison qui rassasient, le tout avec une simplicité désarmante. Privés de chaleur, ces « starters » doivent aller à l'essentiel… les amertumes tutoient des acidulés, avec souvent une grande fraîcheur.

s et

gne se met à nu

LA MONTAGNE SUR UNE PLANCHE
Ça déboîte

Fontina et pain de seigle : la douceur à l'attaque avec ce fromage du Val d'Aoste. C'est un câlin crémeux venu des montagnes, posé avec élégance sur du pain de seigle. Un filet de miel ou une touche de confiture, et l'affaire est dans le sac. Une simplicité désarmante, mais qui ne laisse personne indifférent. Quelques noix, des fruits secs, un bon pain de campagne, et la montagne s'invite à la maison. Simple, direct, et terriblement efficace.

HAUTE GASTRONOMIE
Quand les chefs sortent l'artillerie légère

Tartelettes, talmouses, tourtes... ces pâtisseries salées sont les mises en bouche idéales. Des tours de pistes aussi gourmands que délicats. Et pour les amateurs, le ragoût valaisan est un autre plat emblématique qui mijote en cocotte. Ce ragoût suisse combine du bœuf, des légumes racines comme le céleri, les carottes et les oignons, avec un vin rouge local. Le tout est cuit lentement, permettant à la viande de devenir fondante et aux légumes de s'imprégner des arômes. On trouve aussi d'autres ragoûts de chevreuil, d'agneau, ou de sanglier.

LA MONTAGNE EN MODE FRESH
Des recettes à déguster sans filtre

Tous les chef(fes) de montagne sont adeptes de la cueillette sauvage. Serpolet, bourgeons de sapin, reines-des-prés ou menthe sauvage sont autant de possibilités pour donner une note végétale parfumée et délicate à vos plats. Une palette aromatique unique, et des astuces très simples à utiliser au quotidien dans la cuisine.

Mélissa Marchal

Pour 6 personnes

Temps de préparation : *2 h.*
Temps de cuisson : *20 min.*

Tartelette de foies de volaille, citron et vermouth rouge de Savoie

Marinade

250 g de foies de volaille
20 g de vermouth rouge de Savoie
30 ml d'huile d'olive
3 gousses d'ail
½ oignon blanc
Sel et poivre

Faire mariner les foies dans un récipient avec l'huile d'olive, le vermouth, le demi-oignon, l'ail, du sel et du poivre. Réserver au frais pendant 2 heures.

Pâte brisée

250 g de farine
125 g de beurre
60 ml d'eau
2 jaunes d'œufs
1 pincée de sel

Mettre tous les ingrédients dans le bol d'un batteur. Le beurre doit être pommade. Faire tourner le batteur avec un crochet sur la vitesse 1 pendant 10 à 12 minutes. Filmer la pâte et réserver au frais pendant 2 heures.

Sirop de tomate

300 g de tomates entières
150 g de sucre
15 ml de vermouth rouge de Savoie

Mixer les tomates. Mettre les tomates mixées dans une casserole avec le sucre et cuire à feu doux pendant 20 minutes. Passer au chinois et remettre à cuire à feu doux jusqu'à l'obtention d'une texture sirupeuse. Déglacer au vermouth et laisser refroidir.

Béchamel

40 g de beurre
40 g de farine
½ l de lait
Sel, poivre

Réaliser le roux dans une casserole : faire fondre le beurre et rajouter la farine, puis mélanger avec une spatule. Laisser cuire à feu doux pendant quelques minutes. Verser progressivement le lait froid et mélanger avec un fouet. Laisser cuire à feu doux pendant 5 minutes jusqu'à l'obtention de la texture souhaitée (elle doit être assez ferme). Assaisonner de sel et de poivre du moulin. Prélever 200 g de béchamel dans un bol, filmer au contact et conserver au frais.

Espuma de béchamel

100 g de crème
400 g de béchamel
100 ml d'eau

Avec le reste de béchamel, rajouter dans la casserole la crème et l'eau. Porter à ébullition. Rectifier l'assaisonnement puis passer au chinois. Mettre la préparation dans le siphon. Mettre les deux cartouches de gaz dans le siphon et le garder à température ambiante.

Condiment tomate et citron

2 tomates Roma
1 citron (une moitié dans le condiment et l'autre moitié en zeste pour le dressage)
1 petite échalote
1 c. à soupe d'huile d'olive
1 c. à soupe de vermouth rouge de Savoie

Éplucher et épépiner les tomates. Peler le demi-citron, récupérer les quartiers et garder l'autre moitié pour le dressage. Éplucher l'échalote et tailler tous les éléments en petits dés. Assaisonner le tout avec l'huile d'olive, le vermouth et 1 pincée de sel. Réserver au frais.

La cuisson de la pâte brisée

Préchauffer le four à 160 °C. Abaisser la pâte (3 mm d'épaisseur environ). Détailler, à l'aide d'un emporte-pièce, 6 cercles d'environ 12 cm et les foncer dans des moules à tartelettes de 10 cm de diamètre environ. Piquer la pâte à l'aide d'une fourchette. Protéger la pâte de papier sulfurisé découpé à la dimension souhaitée et recouvrir de haricots secs ou autres légumineuses afin d'éviter que la pâte ne lève. Enfourner les tartelettes pendant 15 minutes. Laisser reposer.

Appareil à tartelette

Foies de volaille marinés
2 tranches de pain de mie imbibé de lait
200 g de béchamel
3 jaunes d'œufs
3 blancs d'œufs

Hacher les foies marinés, la marinade et les 2 tranches de pain de mie imbibées de lait dans un hachoir ou, si vous ne possédez pas de hachoir, à l'aide d'un mixeur. Ajouter les jaunes d'œufs et les 200 g restants de béchamel froide. Monter les blancs en neige dans un autre récipient, puis les incorporer délicatement à l'appareil à l'aide d'une maryse.

La cuisson de la tarte

Préchauffer le four à 180 °C. Couler l'appareil à hauteur dans les 6 tartelettes précuites. Enfourner pendant 10 minutes. L'appareil doit monter tel un nuage.

Finition et dressage

Zestes de citron jaune
Oxalis des montagnes

À la sortie du four, laquer les tartelettes de sirop de tomate. Dresser chaque tartelette dans une assiette individuelle. Disposer le condiment de tomate et citron de façon homogène sur le dessus de chaque tartelette. Servir l'espuma de béchamel à côté ou dans un bol individuel. Zester le demi-citron jaune restant et parsemer l'espuma de zestes. Décorer le tout d'oxalis des montagnes.

Le vermouth, un vin voyageur

QU'ON NE S'Y trompe pas : le *vermouth* n'est pas un spiritueux, c'est un vin ! Mais un vin aromatisé, que l'on fabrique à partir d'un blanc assez léger et un peu acide, que l'on mélange avec du sucre, éventuellement du caramel, avant d'ajouter de l'alcool et un extrait aromatique produit par la macération d'herbes, de racines, d'épices diverses, où l'origan et l'absinthe (en allemand : *Wermut,* dans la recette originelle), apportent une touche particulière. Le vermouth a connu un succès croissant à partir du début du XIXe siècle et jusque dans les années 1950, avant de se faire plus discret puis de revenir à la mode par l'effet valorisant du « vintage ». C'est dans le Piémont qu'il est né sous sa forme moderne, devenant l'un des apéritifs emblématiques de Turin et la boisson officielle à la cour de la Maison de Savoie, selon le vœu de Victor Emmanuel II. Mais c'est aussi un vin voyageur, qui a sa base du côté de Chambéry, où il est essentiellement produit, et ses succès dans les cocktails américains, où son amertume est considérée comme indispensable à la parfaite confection des fameux *Manhattan* ou *Negroni !*

Mélissa Marchal La cuisine canaille, version haute altitude

Pour Mélissa Marchal, la cuisine canaille, ce n'est pas juste du gras et du rustique.

C'est une cuisine de partage, généreuse, avec du style. *Le foie, c'est du caractère, mais si tu le dresses bien, ça devient élégant.* Décorée de zestes et d'oxalis, sa tartelette prouve qu'on peut allier le fond et la forme, sans compromis. Une assiette qui parle au cœur et séduit l'œil, à mi-chemin entre le bistrot et la gastronomie.

Des saveurs qui dévalent les pentes

Le restaurant *Ida* ne cache pas ses racines. Sa cuisine puise dans les classiques de montagne – pâté, fromage, recettes d'antan – que Mélissa dépoussière avec une touche d'audace. *La montagne, c'est comme un grand terrain de jeu : plantes sauvages, poissons de lac, légumes de saison, tout est là pour s'inspirer.* Ici, le vermouth apporte un clin d'œil au savoir-faire local, tandis que le zeste de citron réveille les palais. Une cuisine vivante, enracinée, mais jamais figée.

Générosité et dressage « au top »

Pas question de faire dans l'austère.

Tout est dans le blanc en neige. Sans lui, l'appareil retombe et on perd la magie. La cheffe maîtrise ici l'art de l'équilibre : entre rusticité affirmée et détails travaillés, la tartelette fait son show. Laqué de sirop de tomate, ce petit bijou s'offre un habit brillant qui attire le regard. Et pour couronner le tout, un espuma de béchamel, aérien et fondant, vient jouer le rôle de l'accessoire indispensable.

Gourmandise et précision : le double jeu d'Ida

La générosité est au cœur de cette tartelette. Marinés dans le vermouth et l'ail, les foies de volaille apportent une profondeur rustique, contrebalancée par la fraîcheur acidulée du citron et la douceur du sirop de tomate. L'espuma de béchamel, nuage lacté et réconfortant, sublime le tout avec une touche moderne et technique. *La clé, c'est de monter les blancs en neige bien fermes et de les incorporer doucement. Sans ça, l'appareil perd son côté aérien*, confie Mélissa qui adore décliner ses plats dans ses deux adresses réunies au cœur de l'hôtel *V de Vaujany*, hôtel incontournable de l'Oisans.

Une vie au sommet, une cuisine incarnée

Vivre à Vaujany, c'est profiter d'un cadre exceptionnel qui nourrit la créativité de Mélissa. Ski l'hiver, randonnée l'été, cueillette de plantes alpines : tout alimente son envie de transmettre une cuisine authentique et gourmande. *Ma fille de 6 ans grandit ici, entourée de montagnes et de liberté. C'est ce que je veux refléter dans mes plats : du vrai, du généreux, toujours avec une touche personnelle.*

Avec sa tartelette, le restaurant *Ida* réconcilie le bon et le beau, prouvant que la cuisine de montagne peut être aussi esthétique que réconfortante. Une bouchée, et c'est tout l'esprit canaille qui s'invite à table, prêt à régaler sans jamais s'excuser.

Clément Bouvier

Pour 4 personnes

Temps de préparation : *30 min.*
Temps de cuisson : *20 min pour le feuilletage et 20 min pour l'appareil.*

Talmouses au beaufort

La pâte feuilletée

300 g de farine T55
200 g de beurre de tourage
160 ml d'eau
8 g de sel fin

Aplatir le beurre avec la paume ou au rouleau pour lui donner une forme plus ou moins carrée et le mettre au frais. Préparer la détrempe, mettre la farine tamisée et le sel dans un cul-de-poule ou sur un plan de travail. Creuser un trou au centre et verser les ¾ d'eau. Pétrir du bout des doigts (humidifiés avec le ¼ d'eau restant) en mêlant la farine petit à petit pour ensuite former une boule. Laisser reposer 20 minutes.

Fariner le plan de travail ou la planche, étendre la détrempe sur 1 cm d'épaisseur et mettre le beurre au milieu. Rabattre la pâte pour l'enfermer.

Étendre la pâte au rouleau en une longue bande qu'il faut amincir jusqu'à apercevoir le beurre.

Plier la pâte en 3 en rabattant un des côtés sur le milieu et l'autre côté par-dessus.

Laisser reposer 20 minutes et recommencer à l'allonger au rouleau pour la plier en 3 de nouveau. Laisser reposer au frais encore 20 minutes puis recommencer l'opération 6 fois au total. Plus l'opération est renouvelée plus la pâte gagne en légèreté.

Détailler un cercle de pâte de 30 cm de diamètre environ. Prendre un cercle à tarte de 8 cm de haut, mettre la pâte sur le cercle et mettre au four 20 minutes à 200 °C.

Après cuisson, laisser refroidir 1 heure, la retourner et enlever le cercle.

La pâte est alors autonome et a pris la forme d'un plat.

L'appareil

500 ml de lait
200 g de beurre
150 g de farine
8 œufs
500 g de beaufort râpé
Carvi
Sel, poivre

Dans une casserole, faire fondre le beurre en morceaux. Dès que le beurre est fondu, ajouter la farine en une fois puis faire cuire à petit feu 5 minutes environ en mélangeant doucement. Délayer avec le lait, ajouter le carvi et laisser bouillir 5 minutes tout en mélangeant.

Retirer du feu, ajouter les œufs un par un en mélangeant et ajouter le beaufort râpé.

Assaisonner en sel et poivre.

Verser la préparation au centre de la pâte feuilletée.

Cuire 20 minutes à four chaud à 180 °C. Après cuisson, laisser refroidir environ 30 minutes.

Finition et dressage

100 g de beaufort en lamelles
200 g de salade verte
Vinaigrette
Graines de carvi

Sur la talmouse encore tiède, dresser une salade verte assaisonnée de vinaigrette, quelques graines de carvi et les lamelles de beaufort.

Gare aux talmouses !

ATTENTION À LA *talmouse !* Comme la *tarte* ou la *beigne,* ce nom d'une pâtisserie qui existerait depuis le Moyen Âge peut aussi désigner un coup et même une bonne gifle (*talemouser* signifiant en ancien français taper le museau). Dans l'assiette, la talmouse est plus sage : réalisée à base de pâte feuilletée, cette gourmandise de forme triangulaire dont parlait déjà François Villon dans son *Grand Testament* de 1462 est traditionnellement garnie d'une préparation au fromage, parfois additionnée de pâte à choux, mais existe aussi dans sa version sucrée, avec par exemple de la frangipane. Dans son excellent *Dictionnaire du vocabulaire classique de la cuisine,* Claudine Brécourt-Villars rappelle que Louis XI en était très friand et que la talmouse était confectionnée à l'origine par les « talemeliers » de Saint-Denis : elle était parfois si dure qu'on l'appelait aussi « casse-museau » !

Clément Bouvier
Talmouse au beaufort, mille-feuille de convictions

À Tignes, Clément Bouvier redonne du souffle à la cuisine de montagne – jusque dans un cercle de pâte feuilletée gonflé à bloc.

Faire un tour, c'est d'abord des gestes. Étaler. Replier. Tourner. Recommencer. Six fois. Une pâte feuilletée maison, levée à la force des bras. Puis la cuire dans un cercle, la retourner, et la laisser vivre seule. Elle devient assiette, contenant, cocon. À l'intérieur, une préparation généreuse et rustique : beurre, farine, lait, œufs, beaufort râpé, carvi. Une base proche d'une gougère ou d'un soufflé, mais plus dense, plus terrienne. *J'ai voulu que ce plat ait de la mâche, mais aussi de la légèreté.* L'équilibre est là. La gourmandise aussi.

Un tapas savoyard à manger du bout des doigts, ou en plat

La talmouse sort du four. Elle repose, se détend, avant d'être coiffée de salade verte croquante, de lamelles fines de beaufort et de graines de carvi. Un plat du midi, à partager. Un plat d'hiver comme d'été. Clément Bouvier, chef du restaurant *Ursus* à Tignes, l'imagine comme une déclaration d'amour à sa Savoie. *Le beaufort, c'est plus qu'un fromage. C'est une ligne, une promesse. Ça raconte le lieu.* Et lui, il sait ce que veut dire être fidèle à un territoire.

La famille Bouvier unie comme un roc, la montagne en héritage

Avec sa barbe en bataille, son regard franc et sa carrure de montagnard, Clément impressionne autant qu'il rassure.
À Tignes, il est partout : dans les cuisines d'*Ursus*, en altitude du *Panoramic*, au *Palet* et désormais… dans les fournils. Car après les restaurants, Clément Bouvier a racheté les deux boulangeries du village, pour continuer à nourrir les 1 000 habitants à l'année. Offrir du pain, oui, mais surtout offrir un lien.
Un sentiment d'ancrage dans une station qu'il habite pleinement. Un engagement d'une exigence folle, et qui m'épate jour après jour.

Cuisine d'altitude, cœur à hauteur d'homme

À 3 032 mètres, on apprend la patience. L'humilité. Le respect des saisons, des produits, des gens. Dans l'ombre de la clinquante Val d'Isère, la famille Bouvier trace une autre voie : plus engagée, plus discrète, et aussi plus sincère. La talmouse en devient le symbole : un plat modeste en apparence, mais dont la construction révèle un amour profond du métier.
Et une promesse tenue : faire vibrer la montagne autrement.

Hubert Chanove

Pour 6 personnes

Temps de préparation : *8 h.*
Temps de cuisson : *1 h (bescoins), 4 h (agneau).*

Rolls bescoins aux épices et confit d'agneau

Bescoins

500 g de farine
2 œufs
100 g de sucre
100 g de beurre
20 g de levure fraîche
20 cl de lait
5 g de sel
3 g d'anis vert
5 g de carvi
1 pincée de safran

Dans un grand saladier ou dans le bol d'un robot, verser la farine, le sucre et le sel.

Bien mélanger. Ajouter les œufs et le lait avec la levure. Pétrir le tout jusqu'à obtenir une pâte homogène. Ajouter ensuite le beurre ramolli en morceaux, l'anis, le carvi et le safran.

Pétrir de nouveau jusqu'à ce que la pâte devienne souple et élastique.

Former une boule de pâte et la laisser reposer dans le saladier, couverte d'un torchon propre, dans un endroit chaud. Laisser lever pendant environ 1 h 30 à 2 heures, jusqu'à ce qu'elle double de volume.

Une fois la pâte levée, la dégazer en appuyant légèrement dessus. Diviser la pâte en plusieurs portions de 80 g. Façonner les bescoins en forme de baguette fine.

Déposer les pains sur une plaque de cuisson recouverte de papier sulfurisé. Les laisser lever encore 30 à 45 minutes. Préchauffer le four à 180 °C.

Avant d'enfourner, badigeonner les bescoins avec un peu de jaune d'œuf battu pour les dorer.

Cuire pendant 20 à 25 minutes, jusqu'à ce que les bescoins soient bien dorés.

Laisser refroidir sur une grille.

Confit d'agneau

1 épaule d'agneau
1 l de jus de viande
2 oignons
2 carottes
4 tomates
10 cl de vin blanc
100 g de concentré de tomates
1 tête d'ail
Thym, laurier, romarin

Préparer l'épaule d'agneau, la parer et la dégraisser.

Faire colorer dans une grosse cocotte les 2 côtés, ajouter la garniture aromatique – oignons, carottes et tomates – et le concentré de tomates. Déglacer au vin blanc, réduire à sec puis ajouter 1 litre de jus de viande, fermer la cocotte et mettre au four à 180 °C durant 4 heures.

À la fin de la cuisson, égoutter l'épaule, effilocher la chair de l'agneau et la réserver. Réduire le jus de cuisson puis le passer dans une passoire fine et bien écraser la garniture et l'ail confit pour récupérer le plus de matières et arômes de votre jus.

Utiliser ce jus pour nourrir la viande afin d'obtenir un effiloché juteux et onctueux. Rectifier l'assaisonnement si nécessaire.

Oignons frits

250 g d'oignons
25 g de farine
Huile pour frire

Trancher finement les oignons à la trancheuse ou à la mandoline.

Disposer les rondelles d'oignons dans la farine, égoutter l'excédent puis les plonger dans une friteuse à 160 °C. Les oignons doivent remonter à la surface et prendre une légère coloration, les égoutter sur un papier absorbant et ajouter du sel.

Oignons pickles

30 oignons grelots
100 ml de vinaigre
100 g de sucre
100 ml d'eau
Safran
1 oignon cébette

Faire bouillir vinaigre, sucre et eau ensemble, verser votre marinade chaude sur vos oignons grelots préalablement taillés en 8 quartiers et effeuillés dans un bocal. Ajouter quelques pistils de safran pour apporter une coloration et la saveur du safran que l'on retrouve dans le bescoin.

Sacré bescoin

La cuisine a quelque chose de sacré, on le sait, pour ceux qui l'aiment et la pratiquent avec ferveur, en montagne ou ailleurs. Elle a aussi parfois d'authentiques origines religieuses, même si on les a un peu oubliées. C'est le cas pour le *bescoin,* cette spécialité originaire de la vallée de l'Arve, qui consiste en une espèce de brioche allongée, parfumée à l'anis et teintée au safran, que l'on trouvait chez les boulangers spécifiquement pour le 15 août. Volontiers servi à l'occasion des mariages ou des baptêmes en Savoie, le bescoin était aussi un cadeau traditionnel fait par les parrains et marraines à leur(e) filleul(e) pour les fêtes de Noël ou de Pâques. Sa forme même permettait des variations selon les circonstances : on pouvait par exemple lui donner l'apparence d'une couronne pour l'accrocher à un rameau de buis bénit avant Pâques, ou le faire ressembler à un enfant dans ses langes, en terminant la brioche par la suggestion de deux oreilles formées par torsion de la pâte. Aujourd'hui, bénit ou non, avec ou sans oreilles, le bescoin se déguste avec plaisir, légèrement rassis et largement beurré !

Finition et dressage

Réaliser une entaille dans les bescoins sur la longueur, les poser à plat ouverts.

Réchauffer le confit d'agneau et le disposer à la cuillère par-dessus avec un peu de jus pour apporter de la gourmandise, le bescoin va absorber le jus.

Sur le dessus du confit, ajouter quelques quartiers d'oignons pickles au safran, des chips d'oignons frits pour la gourmandise et un oignon cébette taillé finement.

Hubert Chanove
De New York à Machilly, quand le bescoin roule en rolls

À New York, le rolls est un symbole : un sandwich généreux, bourré de saveurs et parfait pour être dégusté sur le pouce.

Que ce soit garni de homard, de pulled pork ou de pastrami, le rolls incarne la street food par excellence, avec un format à la fois pratique et chic, devenu emblématique des rues new-yorkaises. Hubert Chanove, intrigué par cette cuisine décomplexée et cosmopolite, a décidé d'importer cet esprit avec sa vision de la cuisine montagnarde. En twistant le bescoin, il transforme ce pain rustique en rolls montagnard : un clin d'œil à l'Amérique et un hommage à son terroir.

Le bescoin : un pain typique des Aravis

Dans la vallée des Aravis, ce pain épicé à l'anis vert et au safran est un incontournable des célébrations de Pâques, symbolisant le partage et la générosité. *Ce pain, c'est un souvenir d'enfance pour moi. Il a ce goût unique, une longueur en bouche avec l'anis et le carvi, des épices de montagne qui vous ramènent tout de suite aux Alpes. Ce pain aux saveurs intenses fait partie du patrimoine culinaire des Aravis, et j'ai décidé d'en faire bien plus qu'un pain traditionnel de fête.*

De la street food au cœur d'un restaurant élégant et gastronomique

En troquant la forme classique du bescoin pour celle d'un rolls, Hubert Chanove fait bien plus qu'adapter un pain. Il change la texture, arrondit les angles et rend le tout plus moelleux. *Il fallait que le pain soit assez souple pour bien se marier avec l'agneau confit, tout en gardant ce petit croustillant qui fait tout*, explique-t-il.

L'agneau de Pâques, revu et décontracté

Pâques, c'est aussi l'agneau, une tradition que Hubert Chanove n'a pas oubliée dans son rolls des Aravis. Pour lui, l'agneau confit est le compagnon idéal de ce bescoin revisité : une viande tendre et juteuse qui se prête au partage et à la convivialité. Son agneau, mijoté avec thym, romarin et ail confit, est effiloché à la perfection, et le jus de cuisson réduit intensifie chaque bouchée. *L'idée, c'était de transformer l'agneau de Pâques en une garniture fondante, presque régressive, qui s'imprègne bien dans le pain.*

Les épices d'ici, avec une touche de liberté

Le chef garde les pieds sur terre en respectant les saveurs locales. L'anis vert, le carvi et le safran sont des épices qui parlent de la montagne et des traditions. *Ce sont des saveurs puissantes mais subtiles, qui rappellent le terroir.* Mais il ajoute aussi un twist avec des notes d'agrumes, comme le kumquat, qui apportent un éclat inattendu. *Le kumquat, c'est un petit bonbon acidulé qui donne du peps*, résume-t-il. Ce mariage d'épices et d'agrumes fait de son rolls une fusion savoureuse, un clin d'œil aux montagnes avec une touche de modernité.

Jean Pastre

Pour 4 personnes

Temps de préparation : *30 min.*
Temps de cuisson : *40 min.*

Écrevisses à la nage

Nage

100 g de carottes cannelées, émincées
100 g de céleri branche émincé
4 échalotes émincées
1 gousse d'ail écrasée
1 brin de thym
½ feuille de laurier
1 poignée de queues de persil
4 dl de roussette de Savoie
2 dl d'eau
Sel, poivre
10 grains de genièvre

Mélanger tous les ingrédients dans une casserole.

Porter à ébullition et cuire à frémissement pendant 20 minutes.

Réserver.

Écrevisses

24 écrevisses de taille moyenne du lac d'Annecy

Châtrer les écrevisses.

Les plonger 2 minutes dans la nage en ébullition.

Décortiquer les queues et réserver.

Sauce

300 g de nage réduite
300 g de crème de Savoie entière
48 g de berce émincée
½ citron

Passer la nage au torchon.

La réduire de moitié, pour concentrer les goûts.

Repasser au torchon (elle doit être limpide).

Additionner 300 g de nage avec la crème, cuire pendant 10 minutes.

Faire infuser la berce dans cette préparation pendant 1 heure.

Passer au chinois et lier à la Maïzena.

Condiment

100 g de petits pois tendres écossés
20 pickles de bourgeons de sapin
20 pickles de girolles
80 g de tiges de berce tendre
Huile d'ail des ours

Melba de pain

4 tranches

Cuire de fines tranches de pain taillées à la trancheuse entre deux plaques badigeonnées de beurre fondu à 170 °C pendant 10 minutes.

Finition et dressage

Tailler des biseaux de berce (prendre les parties les plus tendres sous les fleurs), les faire étuver dans la nage jusqu'à ce qu'elles soient tendres.

Faire tiédir les écrevisses dans de la nage réduite, elle doit être juste chaude pour ne pas surcuire les écrevisses.

Disposer 6 pièces au milieu de l'assiette.

Faire chauffer la sauce et ajouter les petits pois et les biseaux de berce.

Ajouter de l'huile verte pour que la sauce soit juste perlée.

La disposer autour des écrevisses avec le reste des condiments et la melba en morceaux.

Des autochtones à protéger

En avril 1902, le tout jeune Alexis Léger, futur poète et prix Nobel de littérature sous le nom de Saint-John Perse, fait une excursion en montagne et compare ses mollets rougis… à des écrevisses (et même des « cacadors échaudés », cette petite variété particulière des rivières). Poésie ou pas, les écrevisses et la montagne ont une longue histoire commune, mais qui réclame aujourd'hui notre vigilance, car il ne reste que trois espèces dites « autochtones » en France et pour cela protégées : les écrevisses à pattes rouges, les écrevisses à pieds blancs et les rares écrevisses des torrents… Ce sont les premières que l'on trouve encore dans le lac d'Annecy, par exemple, où elles voisinent avec des écrevisses dites « exotiques », comme l'écrevisse américaine ou californienne, qui ont quant à elles prospéré depuis les années 1960, après s'être échappées, dit-on, d'un bassin d'un hôtel à Talloires. Celles-ci, plus agressives et à croissance plus rapide, perturbent l'équilibre aquatique en colonisant les eaux… À nous donc de veiller, jusque dans nos assiettes, à la meilleure harmonie des espèces.

Jean Pastre
Tradition et jeunesse, main dans la main

Jean Pastre relève un défi culinaire ambitieux : revisiter un monument de la gastronomie française, les écrevisses à la nage.

Une recette emblématique transmise par Michel Rostang, grand chef grenoblois, qui la tenait de son père, Joseph. On la trouvait déjà à la carte de *La Bonne Auberge*, à Antibes, l'établissement cité au Michelin en 1932, puis à Chavoires sur les bords du lac d'Annecy.

Une nouvelle adresse à Megève en plein cœur du village

Jean Pastre n'en est pas à son coup d'essai. En collaboration avec le chef Julien Gatillon, ils viennent d'ouvrir *Vous,* un restaurant niché au cœur du village de Megève. Ce nouvel écrin culinaire se veut à la fois respectueux des traditions de la grande cuisine française et ancré dans son terroir alpin. C'est dans ce cadre intimiste et raffiné que Jean propose sa vision de la gastronomie, alliant créativité et savoir-faire.

Une recette généreuse et avec des écrevisses vivantes

La recette originale de Michel Rostang exige des écrevisses *tout juste vivantes, à peine sorties de l'eau.* Mais aujourd'hui, cela relève de l'exploit. Jean confie avoir dû se battre pour en obtenir de qualité. La solution : les décortiquer soi-même pour garantir une chair parfaite.

Des choix délicats, et la rondeur de la roussette

Dans sa version de la nage, Jean opte pour une roussette de Savoie plutôt qu'une jacquère. *La roussette apporte une tension intéressante*, explique-t-il, justifiant son choix par la volonté de renforcer la structure du plat. De même, il préfère le céleri branche à l'oignon, pour sa minéralité qui tranche avec la rondeur classique des oignons.

Le secret d'une nage parfaite

Un détail technique crucial dans cette recette : il faut bien « châtrer » les écrevisses. *Si ce boyau n'est pas enlevé, il ajoute une amertume désagréable, rendant la nage impossible à maîtriser*, avertit Jean. Son astuce ? Attraper les écrevisses à l'arrière des pinces pour retirer le boyau en douceur. Pour équilibrer la richesse de la nage, Jean ajoute une touche de fraîcheur avec des condiments, tels ces pickles de sapin et de girolles.

La melba de pain revisitée

Pour ceux qui cherchent une alternative plus simple à la classique melba de pain, Jean recommande des croûtons ou même de la chapelure grillée. L'essentiel est de conserver cette note toastée qui complète la richesse du plat.

Une recette qui résonne

Enfin, pour ne pas rater la cuisson des écrevisses, Jean dévoile son secret : *Il faut sortir les écrevisses, passer la nage au chinois, puis replonger les écrevisses une fois la nage refroidie. Cela permet de bien imprégner la chair sans la cuire à l'excès.*

Pour Jean Pastre, ce plat n'est pas seulement une recette. *Cela correspond bien à ce que je suis. Merci pour ce challenge. J'espère pouvoir faire goûter ma version à Michel Rostang un jour, je l'attends avec impatience.*

Pour 4 personnes

Temps de préparation : *15 min.*
Temps de cuisson : *3 h 30.*

Tête de veau à la mode de Jib

Tête de veau

1 demi-tête de veau roulée ficelée
2 branches de thym
2 feuilles de laurier
2 clous de girofle
Un peu de poireau
Sel, poivre du moulin
1 chou-rave
2 navets
4 carottes
1 poireau
4 pommes de terre
1 oignon
Piment d'Espelette

Déposer la demi-tête de veau dans une grosse marmite. Y verser assez d'eau pour la recouvrir. Ajouter le piment d'Espelette, une poignée de sel, quelques tours de moulin à poivre. Mettre le couvercle et chauffer. Lorsque l'eau bout, écumer et laisser cuire 3 h 30 à petits bouillons. 1 heure avant la fin de la cuisson, incorporer les légumes. À chaud, rouler la demi-tête de veau dans du film alimentaire.

Tailler des cubes de carotte de 5 par 5 mm, qui serviront au dressage.

Huile verte à l'ail des ours

200 ml d'huile de pépins de raisin
100 g d'ail des ours

Mixer le tout, puis passer au chinois étamine. Réserver 24 heures.

Mayonnaise à l'ail des ours

130 ml d'huile à l'ail des ours
20 g de moutarde de Dijon
1 jaune d'œuf
4 ml de vieux vinaigre de Xérès
Sel, poivre
Piment d'Espelette

Les ingrédients doivent être à température ambiante. Mélanger le jaune d'œuf, le sel, le poivre, le piment d'Espelette et le vinaigre de Xérès.

Fouetter en versant peu à peu l'huile d'ail des ours, la mayonnaise doit peu à peu épaissir.

Garder 50 g de mayonnaise à l'ail des ours pour le dressage.

Sauce gribiche à l'ail des ours

125 g de mayonnaise à l'ail des ours
2 œufs durs hachés
28 g de cornichons hachés
20 g de câpres capucine
15 g d'échalote ciselée

Bien mélanger tous les ingrédients.

Croûtons

1 tranche de pain de mie
Beurre

Sur une planche à découper, tailler une tranche de pain de mie en petits cubes de 5 par 5 mm. Dans une poêle, sur feu doux, faire mousser le beurre. Placer les cubes dans la poêle et remuer régulièrement. C'est prêt lorsque les croûtons sont légèrement dorés !

Pickles d'oignons rouges

Oignons rouges
15 g de sucre
30 ml de vinaigre blanc
60 ml d'eau

Mettre les ingrédients, sauf les oignons, dans une casserole et faire bouillir pour que le sucre fonde. Pendant ce temps, couper les oignons en lamelles.

Déposer les lamelles d'oignons dans votre casserole en ébullition, puis mettre le couvercle. Réserver au frais 24 heures.

Finition et dressage

Fleurs d'ail des ours
Fleurs de saison
Câpres capucine

Trancher de fines lamelles de tête de veau sur l'ensemble de l'assiette et dresser avec les croûtons dorés, les pickles d'oignons rouges, quelques fleurs d'ail des ours, des pointes de mayonnaise à l'ail des ours, quelques fleurs de saison, des câpres capucine et des cubes de carottes de la cuisson de la tête de veau.

Mettre la sauce gribiche dans des petits récipients à part et recouvrir de fleurs d'ail des ours.

La téta d'vé

ON SAIT QUE la consommation de la tête de veau, avec son incontournable sauce gribiche, est associée à un rituel révolutionnaire consistant à célébrer par un banquet, chaque 21 janvier, la mort du roi Louis XVI, en 1793. Mais l'on n'est pas obligé de respecter le calendrier ou l'héritage des sans-culottes pour goûter ce plat traditionnel, qui nous fait nous souvenir aussi que le veau était à la fin du XVIIIe siècle une viande couramment cuisinée en pays savoyard, parfois transformée en pâté en croûte, souvent rôtie ou préparée en ragoût, et donc en « téta d'vé », la tête de veau dans le langage local. Elle était en tout cas fort appréciée des moines, comme ceux par exemple du prieuré cistercien de Bellevaux (dans le massif des Bauges), dont les menus quotidiens, conservés dans les archives, attestent qu'ils savaient apprécier la bonne chère !

Jib Bruijnse
Le canaille du lac

À Bourdeau, au bord du lac du Bourget, un ancien bistrot s'est mué en repaire de bons vivants.

Ici, pas de chichi. Rencontre avec Jib, un chef qui taille ses frites à l'aube et vous fait la bise à la sauce gribiche.

À *L'Épicerie*, la journée commence tôt, à l'heure où les premières lueurs lèchent le mont du Chat. Le chef est déjà en cuisine, concentré sur ses 30 kilos de pommes de terre. Il les épluche comme il cause : sans détour, à la bonne franquette. *C'est moi le premier arrivé, alors les remarques, hein…* rigole-t-il, la gouaille dans les yeux et le tablier un peu fariné.

« La cuisine c'est du frais, du gras et de la couleur »

La tête de veau, il la connaît par cœur. *C'est un plat de novembre à mars. Chez nous, c'est la canaillerie du moment !*

On pourrait croire à une blague de comptoir, mais non : ici, la cuisine des abats est une affaire sérieuse. La preuve ? Une demi-tête de veau roulée, cuite trois heures dans un bouillon aromatique, avant d'être tranchée comme une œuvre d'art sur l'assiette. Et pour l'habiller ? Une gribiche d'un vert éclatant, pimpée à l'ail des ours, cueilli maison dans les forêts de Savoie. *Ce goût-là, c'est du peps, du frais, du gras et de la couleur. C'est ce qui m'a donné envie de refaire la recette.*

L'auberge sans étoiles ni breloques, mais pleine d'éclat

Chez Jib, on vient pour l'ambiance ! Pour les plats qui chantent, les pickles maison, les croûtons dorés dans le beurre et les fleurs d'ail des ours posées comme un clin d'œil. On y croise les anciens du village, des habitués du coin, des touristes de passage, tous installés serrés autour de grandes tablées en bois.

Je suis aubergiste, pas chef étoilé. Je reçois les clients comme à la maison. S'il faut que je goûte dans leur assiette, je le fais. Et s'il faut tailler la bavette au coin du zinc ou faire découvrir la cave en douce ? Jib est partant, même si la patronne le surveille du coin de l'œil.

Plus qu'une recette, un moment à partager

Sa tête de veau sauce gribiche à l'ail des ours, c'est tout sauf un plat nostalgique. C'est une déclaration d'amour à la cuisine populaire, retravaillée avec des clins d'œil malicieux. Dans l'assiette, la mayonnaise maison vibre au rythme du printemps, les œufs durs se mêlent aux câpres capucine, les cornichons et les échalotes claquent en bouche, pendant que les fleurs de saison font danser la déco. C'est beau, c'est brut, c'est généreux.

Et quand son oncle, Jean-Michel Bouvier, appelle en pleine interview, c'est pour appuyer là où ça fait du bien : *Lui, c'est pas une star ! Il est un vrai cuisinier dans son resto. Ça existait comme ça avant… et ça cartonne.*

Cuisine de montagne, version rock'n'roll

Jib n'est pas là pour twister la tradition à coups de siphon ou d'azote. Il préfère la détourner gentiment. Comme ce lavaret local, transformé en fish and chips. Ou ces « plats canailles » remis à la carte comme des tubes oubliés : langue de bœuf, couilles de mouton en persillade, boudin noir qui claque. Il revendique une cuisine de terroir à la française, mais avec le sourire du gars qui a troqué sa toque pour un bonnet en laine.

À *L'Épicerie Chez Jib* on ne compte pas les récompenses, mais les rires, les verres qui tintent, les assiettes qui reviennent vides. C'est une maison de famille, un refuge de copains, un cabanon de pêcheurs savoyards avec un parfum d'ail sauvage.

Kevin Bieber

Pour 4 personnes

Temps de préparation : *1 h.*
Temps de cuisson : *25 min.*

Tourte au chénopode et tomme de Savoie

Farce

2 grosses pommes de terre, type Agria ou Amandine
400 g de feuilles de chénopode crues
1 oignon
20 cl de vin blanc de Savoie (type jacquère)
50 g de beurre
100 g de tomme de Savoie en tranches
Sel

Porter une grosse casserole d'eau salée à ébullition.

Éplucher les pommes de terre, puis les trancher en fines lamelles. Blanchir ces tranches de pommes de terre à l'eau pendant 1 min 30. Égoutter, puis disposer les pommes de terre sur des chiffons secs et propres. Réserver.

Dans une casserole d'eau bouillante salée, blanchir les feuilles de chénopode pendant 5 minutes. Les plonger dans un saladier d'eau glacée, afin de conserver leur couleur, puis égoutter en pressant les feuilles cuites. Hacher grossièrement au couteau et réserver au frais, en mettant 50 g de côté pour le coulis.

Éplucher l'oignon, puis le ciseler grossièrement. Faire suer l'oignon au beurre, saler, puis mouiller au vin blanc. Laisser réduire à sec. Débarrasser avec les feuilles de chénopode.

500 g de pâte feuilletée (achetée chez votre boulanger)

Abaisser la pâte feuilletée à 0,5 cm d'épaisseur environ. Tailler deux cercles pour le montage de la tourte : un cercle de 28 cm et un cercle de 16 cm. Réserver au frais.

Crème de chevrotin

200 g de crème fraîche
1/4 de chevrotin des Aravis

Chauffer la crème fraîche, ajouter le chevrotin coupé en petits dés, puis mixer au mixeur plongeant. Réserver au frais.

Coulis de chénopode

60 ml de bouillon de légumes ou de volaille
15 ml de vinaigre
70 ml d'huile d'assaisonnement (selon votre goût)
50 g de chénopode cuit
Sel et poivre

Mixer 50 g de chénopode cuit avec le bouillon, le vinaigre et l'huile. Assaisonner en sel et poivre, puis réserver.

Dorure

1 jaune d'œuf
Quelques gouttes d'eau

Montage

Préchauffer le four à 220 °C.

Dans un cercle de 12 cm, monter la tourte comme un millefeuille en commençant par un étage de pommes de terre, puis un peu de mélange chénopode/oignons. Répéter l'opération une seconde fois.

Ajouter la moitié des tranches de tomme de Savoie et une grosse cuillerée de crème de chevrotin.

Puis recommencer le montage en millefeuille. Finir le montage par le reste des tranches de tomme de Savoie et une grosse cuillerée de crème au chevrotin.

Réserver au congélateur 15 minutes.

Récupérer le cercle de pâte feuilletée de 16 cm, et le déposer sur une plaque de cuisson avec un silicone adapté, ou un papier cuisson.

Bien humidifier les bords avec un mélange jaune d'œuf + quelques gouttes d'eau.

Disposer le millefeuille au centre de la pâte, puis disposer le cercle de pâte feuilletée restant par-dessus. Bien chasser l'air, en soudant les 2 pâtes entre elles.

Dorer la tourte avec le reste de jaune d'œuf, et décorer à votre convenance.

Enfourner la tourte pendant 25 minutes. Tourner la tourte d'un demi-tour à mi-cuisson.

Servir la tourte chaude, avec le coulis au chénopode.

Tome, tomme, tom(m)es ?

En Savoie et Haute-Savoie, bien que son nom provienne du patois savoyard « toma », la tomme s'écrit avec deux « m » (sauf dans les Bauges) : c'est un vocable que l'on rencontre sur les étiquettes de presque tous les fromagers… mais qu'en est-il exactement ? Parle-t-on de la même chose à Yenne, à Saint-Ours ou à La Compôte ? Sous ce nom unique et bien commode se dissimule d'abord un savoir-faire ancien, issu d'une tradition toute simple : on utilisait le lait écrémé restant de la fabrication du beurre pour faire un fromage du quotidien, à croûte fleurie, attesté depuis le XVIe siècle et dont la saveur varie évidemment selon la nature des alpages et la durée de l'affinage. Produit modeste et de petite taille, inventé à partir de restes, la tomme a gagné en noblesse au fil des époques, pour se voir attribuer en 1996 le label « IGP » (Indication géographique protégée), véritable diplôme du bien manger local.

Kevin Bieber
Tourte sauvage, flocon tatoué

Kevin Bieber, c'est du solide.

Barbu, flocon tatoué sur la main, et une carrière bien ciselée : ancien second d'Emmanuel Renaut, il a troqué les toques et étoiles pour une auberge à Flumet. Avec Mélanie Laugier, il a repris l'*Auberge des Églantiers,* petite table sans esbroufe, avec vue sur le vieux pont du village. Une carte bien ancrée, des assiettes nettes, et une envie : raconter le coin sans radoter. Les locaux viennent pour un rapport qualité-prix unique, et reviennent car c'est bon, tout simplement.

Chénopode, pâte feuilletée et coup de génie

Quand on lui a confié une recette de tourte au chénopode, il a levé un sourcil. *Je n'en ai jamais travaillé. Mais pourquoi pas.* Trois essais plus tard, il sort un ovni végétal à la gueule de grand classique. Feuilles d'épinard sauvage revenues au beurre, pommes de terre fondantes, oignon réduit au vin blanc, tomme de Savoie, crème de chevrotin des Aravis : ça sent la montagne, la vraie. Montage façon millefeuille, cerclage de pâte feuilletée, dorure au jaune d'œuf. La cuisson est précise, le résultat bluffant.

Une entrée chaude, rustique et structurée, comme un chalet de montagne

Au dressage : une tourte dorée, croustillante, posée sur un coulis acidulé de chénopode vert vif. Une touche végétale, une caresse d'acidité, et ce fondant incroyable qui fait tout le charme du plat.

À Flumet, pas de chichi : du goût, du vrai

Pas de déco gadget. Pas de poudre magique. Juste une entrée chaude, généreuse et alpine, comme on les aime. Kevin ne triche pas. Il cuisine droit. Et avec cette tourte, il prouve que la cuisine de montagne peut être simple, belle… et diablement contemporaine. Sur la route des stations du Val d'Arly, l'*Auberge des Églantiers* n'en a pas oublié sa promesse : demeurer une auberge, c'est-à-dire un lieu de vie ouvert une bonne partie de l'année, avec des prix encore accessibles.

Soupe d'altit

Chaleur essentiel

Dans la cuisine de montagne, la soupe c'est le plat qui tient la baraque. Celui qui fait fondre le silence, réchauffe les doigts gelés. C'est simple, on coupe ce qu'on a. Des légumes de cave, des restes de pain, un os à moelle, un bout de lard. On fait feu, on touille, on goûte. On attend. Et dans cette attente, il y a tout ! L'économie de gestes, le parfum qui monte, la promesse de se retrouver autour d'un bol fumant.

s

ude

e

Les soupes de montagne
S'unir autour d'un bol chaud

Partout dans les Alpes, la soupe unit. Elle prend ce qu'il y a, elle fait lien. Elle rassemble autour du feu, elle remplit sans alourdir, elle dit « tu n'es pas seul ». Une louche, une cuillère, une table. Ça suffit pour faire famille.

Les chefs d'aujourd'hui ne l'ont pas oubliée. Ils l'étirent, la filtrent, la twistent. Un consommé de bœuf, tendu comme un trait d'arbalète, avec une gaufrette de pain et d'oignon, et une crème de sarrasin pour l'accroche. Une soupe de fèves, profonde et onctueuse, qu'on sert avec une croûte beurrée et une mayo à l'ail des ours qui tacle en douceur. Une Valpeline, rustique et fondante, avec son gel de pomme qui vient crisser dans la rondeur. Un velouté de potimarron, doux comme un plaid, chahuté par une écume de lard bien fumée.

Ici, on ne cuisine pas des soupes pour décorer. On les verse, on les sert brûlantes, on se tait et on savoure. Car dans chaque cuillère, il y a l'hiver qui s'installe, l'été qui manque, la main qui tremble, et ce qu'on cuisine quand il faut tenir ensemble.

La soupe est une réponse au froid, à l'isolement, à l'hiver qui dure trop longtemps. Des vallées de Savoie aux hauteurs de l'Oisans, du Val d'Aoste aux chalets autrichiens, elle dit partout la même chose : rassembler, nourrir, réchauffer. On l'improvise avec ce qui reste, on la partage dans des bols ébréchés, on y met le cœur et le silence.

Antonin Buron

Pour 4 personnes

Temps de préparation : *15 min.*
Temps de cuisson : *45 min.*

Consommé de bœuf, gaufrette de pain et d'oignon, crème sarrasin

Bouillon de pot-au-feu

500 g de jarret de bœuf
500 g de paleron de bœuf
500 g de plat-de-côtes de bœuf
200 g de moelle
50 g d'oignon
50 g de carotte
50 g de poireau
Bouquet garni
Pincée de sel et de poivre

Mettre les pièces de bœuf dans une cocotte avec de l'eau, départ à froid. Après ébullition, écumer et mettre la garniture aromatique. Laisser cuire à frémissement pendant 6 heures. Passer et récupérer le bouillon. La viande sera utilisée pour une autre recette.

Tuile oignon

2 oignons blancs
100 g de beaufort
25 g de beurre
25 g de farine
25 g de blanc d'œuf
Pincée de sel

Mélanger la farine et le blanc d'œuf puis incorporer le beurre fondu, assaisonner.

Éplucher et tailler à la mandoline de fines tranches d'oignon (garder les parures d'oignon pour la compotée). Disposer un petit peu d'appareil à tuile sur l'oignon à la spatule coudée. Mettre les tranches d'oignon sur un Silpat et râper du beaufort sur le dessus.

Cuire à 160 °C pendant environ 10 minutes.

Croque-monsieur

8 tranches de pain
200 ml de lait
200 g d'oignons
100 g de moelle
50 g de beurre
Pincée de sel

Faire dégorger la moelle dans de l'eau et du vinaigre blanc. Mixer le beurre et la moitié de la moelle, tartiner juste une face de chaque tranche de pain rassis et mettre à tremper l'autre moitié des tranches de pain dans le lait. Éplucher et émincer les oignons finement et les faire compoter doucement. À la fin, incorporer la moelle, laisser cuire 5 minutes puis hacher au couteau et réserver au froid.

Étaler la compotée d'oignons et de moelle sur les tranches de pain et monter comme un croque-monsieur. Tailler à l'emporte-pièce de son choix et mettre à cuire dans un gaufrier.

Crème Sobacha

500 g de crème
50 g de sobacha
1 feuille de gélatine

Mettre le sobacha, la crème et la feuille de gélatine préalablement ramollie dans un sac sous vide et cuire à 60 °C pendant 1 heure, filtrer et réserver au frais, puis monter la crème au batteur.

Finition et dressage

Œufs de corégone
Sarrasin soufflé
Oxalis pourpre
Oxalis vert
Achillée

Disposer la gaufre de pain dans une assiette creuse. Mettre des points de crème dans les trous de la gaufre et disposer harmonieusement les œufs de corégone, le sarrasin soufflé, les feuilles d'oxalis et l'achillée.

Mettre la tuile d'oignon à côté. Servir le bouillon chaud en saucière.

Comme du bon pain

En pays de Savoie, comme ailleurs en Europe, le pain est depuis des siècles, davantage qu'un aliment : une denrée précieuse, mais aussi un symbole social. Comme l'indique, en 1850, le ministère de la Marine, de l'Agriculture et du Commerce savoyard, le pain est une denrée exceptionnelle, « distincte de toutes les autres denrées, et ne peut être confondue avec elles ». Il faudrait alors un livre entier, au moins, pour raconter l'ancestral roman du pain en terres de montagne : comment cet authentique objet culturel se décline selon une hiérarchie des farines, du pain blanc de froment jusqu'au pain rustique qu'on dit noir, mais qui a plutôt une couleur grise, qu'il soit de seigle, d'orge ou d'avoine… Ce qui est incontestablement partagé, c'est la tradition montagnarde des fours, familiaux ou communautaires, aujourd'hui volontiers remis à la mode. Jusque dans les années 1950, les familles préparaient ainsi leur pain pour des périodes pouvant aller jusqu'à plus de deux mois : on faisait au four à bois une vingtaine au moins de gros pains qui constituaient une belle réserve… même si les derniers consommés se révélaient parfois durs comme du bois !

Antonin Buron
Une recette gravée à coups de Buron

Dans les alpages, la soupe grasse, c'était l'or du dimanche.

Une alternance de pain rassis et de « grevé », ce fromage à pâte pressée cuite, ancêtre du beaufort, qu'on moulait avant que les AOP ne viennent dicter leur loi. On tassait. On piquait le pain à la fourchette. On versait le bouillon fumant. Puis venait la sorfuza, ce beurre roussi aux oignons qui brûlait la poêle et réchauffait les âmes. Un plat rugueux, brut, vrai. Comme la vie dans les alpages.

Dans l'assiette d'Antonin, une soupe grasse devient une gravure fine. Rugueuse, gourmande. Vivante.

Du pain rassis à la gaufre dorée

Quand Antonin Buron reprend la recette d'Anne-Marie Binet, il n'en fait pas une mode. Il établit une déclinaison savoureuse, et quand même plus légère. Fils de Stéphane, élevé dans l'ombre du *Chabichou* à Courchevel, le jeune homme a grandi entre les services du midi et les devoirs du soir. Il connaît la puissance silencieuse de ces plats qu'on ne photographie pas. Il les porte en lui. Il les murmure.

Son geste ? précis, comme ceux d'un compagnon. Le pain devient gaufre. Une face trempée dans le lait, l'autre tartinée de moelle crue. Au centre, une compotée d'oignons confits.

Le tout passé au gaufrier, comme un clin d'œil de gosse appliqué.

Dans les alvéoles : crème montée au sobacha, ce sarrasin japonais grillé.

En topping : œufs de corégone, oxalis, sarrasin soufflé, achillée sauvage.

À côté : une tuile d'oignon et de beaufort, fine comme une feuille d'ardoise, croustillante comme la neige du matin. Et puis, à la fin, ce bouillon clair de pot-au-feu, versé chaud, lentement. Et le plat s'ouvre. Comme un souvenir qu'on libère.

Ce n'est plus une soupe. C'est un poème dressé au millimètre.

Une leçon de cuisine de montagne : enracinée, habitée, tendue comme une arête.

Un hommage aussi à « chef Michel », à Maryse Rochedy, à ces déjeuners discrets pris en cuisine, à quelques minutes du coup de feu. Une école de la vie, partagée avec ces restaurateurs qui ont donné leur vie à ce métier.

Un chef tatoué, mais net

Antonin, c'est la discrétion qui parle fort. Une moustache « Belle Époque », des tatouages apparents, une réserve maîtrisée. Mais dès qu'il cuisine, tout change. Il devient clair, tranchant, vibrant. Une recette gravée à coups de Buron.

Et comme ces montagnes : solides, sculptées, inoubliables. Le chef est prêt à ouvrir son adresse à lui, et à mettre son nom gravé sur la plaque. Chiche ?

Florent Meyer

Pour 4 personnes

Temps de préparation : *40 min.*
Temps de cuisson : *20 min.*

Soupe de fèves au lard paysan

La soupe de fèves

2 échalotes
1 oignon
1 carotte
1 botte de ciboulette
2 pommes de terre
200 g de fèves
1 branche de thym
25 cl de lait
75 cl de bouillon de légumes
20 g de beurre
Sel, poivre
Parures de poitrine fumée (le reste servira à faire les lardons de la fricassée)

Dans une casserole, faire revenir l'oignon et les échalotes préalablement émincées dans le beurre. Éplucher la carotte et les pommes de terre avant de les tailler en petits dés puis les ajouter dans la casserole. Pour finir, ajouter les fèves, 1 branche de thym, le sel et le poivre avant de mouiller avec le lait et le bouillon de légumes (un bouillon en cube fera l'affaire). Laisser cuire durant 40 minutes puis mixer avec un robot de cuisine ou un mixeur blender. Garder la soupe au chaud en attendant le dressage.

La fricassée

20 g de beurre
2 oignons rouges de taille moyenne
200 g de lardons (taillés dans un morceau de poitrine fumée de 300 g, les parures servant à la soupe)
200 g de fèves
Mélange de graines et noisettes (sésame grillé, sésame noir, graines de lin, éclats de noisettes)
2 cl de vinaigre de Xérès
1 botte de ciboulette ciselée
2 cl de jus de viande

Tailler les oignons rouges en pétales et la poitrine fumée en petits lardons.

Faire chauffer une poêle, y mettre la noisette de beure et faire suer les oignons. Ajouter les lardons puis les fèves avant de déglacer avec le vinaigre de Xérès et le jus de viande. Débarrasser dans un ramequin et ajouter 2 c.à soupe du mélange de graines ainsi que de la ciboulette ciselée.

Mayonnaise à l'ail des ours

2 jaunes d'œufs
1 c. à soupe de moutarde
20 cl d'huile de pépins de raisin
15 cl d'huile d'ail des ours
Sel

Réaliser une huile d'ail des ours simplement en mixant des feuilles avec de l'huile. Passer ensuite au chinois pour ne récupérer que le liquide, l'huile. C'est avec cette huile que l'on réalisera la mayonnaise.

Dans un bol, rassembler les jaunes d'œufs, la moutarde et 2 pincées de sel. Monter, à l'aide d'un fouet, la mayonnaise en versant l'huile en petit filet sur les œufs. Commencer par l'huile de pépins de raisin puis l'huile d'ail des ours. Mettre la préparation dans une pipette pour faciliter le dressage.

Finition et dressage

- 4 tranches de pain de campagne de 2 cm d'épaisseur
- 40 g de beurre
- 4 cl d'huile
- 1 botte de cerfeuil
- 2 fleurs de soucis
- 10 cl d'huile d'ail des ours
- 4 cl de jus de viande

Dans une poêle, faire fondre le beurre dans l'huile puis colorer les tranches de pain de campagne sur les deux faces. Débarrasser sur un papier absorbant pour enlever l'excédent de graisse. Une fois refroidies, rayer les tranches de pain avec la mayonnaise. Décorer avec de la ciboulette ciselée, des fleurs de soucis, des fèves et lardons de la fricassée.

À l'aide d'un cercle, dresser la fricassée de fèves au centre des assiettes, ajouter un trait d'huile d'ail des ours et de jus de viande sur le pourtour. Décorer de quelques pluches de cerfeuil et de fleurs de soucis.

Verser la soupe de fèves chaude tout autour de la fricassée.

À la soupe !

Pas de cuisine de montagne sans la soupe ! Celle-ci se préparait jadis dans le « bron », une espèce de marmite en fonte à trois pieds qui s'accrochait à la crémaillère au-dessus du foyer, ce qui permettait de varier la distance au feu… La soupe est logiquement ce qui constitue le *souper,* où l'on pouvait récupérer des aliments du *dîner,* lequel a désigné d'abord le premier repas de la journée, puis jusqu'au XVIIIe siècle au moins le repas de midi. La soupe est ce « plat total » qui permet l'utilisation abondante du lait, une denrée dont on ne manque pas en montagne, et bien sûr des plantes, du lard, des diots… Il existe ainsi d'innombrables variations de la soupe dans les pays de Savoie, avec parfois des particularités, comme la « soupe châtrée » (à la tomme, au pain et à l'oignon), que l'on mange à la fourchette et au couteau, aux abords de la Suisse, du côté de Samoëns et Morillon, ou la « soupe bûcheronne » (aux pommes de terre et au porc), dont la tradition voulait qu'elle fût préparée par les bûcherons italiens qui coupaient le tronc d'un sapin creux, à hauteur d'un mètre environ, puis l'entaillaient pour faire un foyer, y posaient la gamelle de soupe et la faisaient mijoter lentement, tandis que le bois brûlait… et que les bûcherons travaillaient !

Florent Meyer
La soupe aux fèves qui fait croustiller la campagne

Combloux, 980 mètres d'altitude, vue sur le mont Blanc.

C'est là, à l'étage supérieur d'une ancienne ferme, que Florent Meyer a installé sa cuisine. Lambris clair, murs qui sentent la pierre, et chaleur douce dans l'assiette. Le nom du lieu : *Signature.* Pas pour le style, mais pour l'intention. Ici, le chef signe chaque plat comme une lettre d'amour au territoire.

Florent Meyer, cuisinier de terroirs vivants à Combloux

Chez Florent, pas de gadgets. Il cuisine comme il parle : direct, franc, attaché au vrai. Ses plats ? Une volaille jaune farcie au pain de maïs, un gratin d'épeautre aux champignons du coin, et bien sûr, cette soupe de fèves, twistée à la savoyarde, avec fricassée de lardons, graines torréfiées et croûte dorée à la mayonnaise d'ail des ours.

Le secret : une mayonnaise verte et sauvage

C'est là que le plat bascule : une mayonnaise montée à l'huile d'ail des ours, brillante, végétale, pleine d'éclat. Florent en fait une pâte souple, expressive, à mi-chemin entre la forêt et le garde-manger. Elle colle au pain, réveille les fèves, flatte le lard. C'est le détail qui signe tout le plat – et qui reste en bouche bien après.

Un bistrot montagnard bien dans son époque

Florent Meyer n'est pas là pour passer en revue les saisons. Il les cuisine. Il les traduit en recettes sincères, à la fois terriennes et lisibles, modernes et sans effet de manche. À *Signature,* le menu parle de ce coin de Haute-Savoie qu'on traverse trop vite. Lui en fait une halte. Une cuisine généreuse, ancrée, et pleine de petites fulgurances. Comme une soupe aux fèves. Mais pas celle de tout le monde.

Chez Florent, on ne cherche pas l'effet « waouh ! », mais la bonne bouchée, le bon geste, le bon goût. Sa soupe aux fèves, c'est un plat qui parle fort, qui rassure et qui étonne. Une cuisine d'instinct, bien ancrée, bien balancée. Comme un dimanche à la ferme, avec un supplément d'âme.

Christophe Lancelot

Pour 6 personnes

Temps de préparation : *1 h.*
Temps de cuisson : *45 min.*

Soupe à la Valpeline, gel de pomme et pickles

Le chou

1 chou vert ou chou frisé

Retirer les feuilles extérieures abîmées du chou et réserver quelques grandes feuilles entières pour le montage des choux farcis. Découper le reste en lanières.

Les blanchir dans une grande casserole d'eau bouillante salée pendant 5 minutes.

Égoutter, rafraîchir sous l'eau froide pour fixer leur couleur, puis égoutter de nouveau soigneusement.

Les pickles de pommes

1 pomme de Savoie Leratess

200 ml de vinaigre de cidre de pommes (de préférence artisanal)

100 ml d'eau

50 g de sucre

1 pincée de sel

1 bâton de cannelle ou 2 clous de girofle (facultatif)

Éplucher la pomme, retirer son cœur et la couper en petits dés ou en fines tranches selon vos préférences.

Dans une petite casserole, porter à ébullition le vinaigre de cidre, l'eau, le sucre et le sel. Ajouter la cannelle ou les clous de girofle si désiré.

Verser cette préparation encore chaude sur les morceaux de pomme.

Laisser mariner dans un bocal hermétique au minimum 30 minutes (ou plus pour un goût plus intense).

Le gel de pomme

500 ml de jus de pomme artisanal de Savoie

8 g d'agar-agar

1 c. à soupe de gingembre râpé

Dans une casserole, porter le jus de pomme à ébullition avec le gingembre râpé. Laisser réduire de moitié à feu moyen pour concentrer les arômes.

Une fois le jus réduit, ajouter l'agar-agar et laisser cuire 2 minutes à ébullition tout en mélangeant.

Verser le mélange dans un plat peu profond pour obtenir une couche fine, puis laisser refroidir au réfrigérateur jusqu'à ce que le gel prenne.

Mixer légèrement pour obtenir une texture lisse.

Assembler les choux farcis

400 g de pain de seigle rassis, tranché

250 g de fontina
(fromage typique de la Vallée d'Aoste)

Étaler une grande feuille de chou sur le plan de travail.

Au centre, déposer une tranche de pain de seigle, un peu de chou blanchi en lanières et quelques morceaux de fontina.

Replier les bords pour former un petit paquet bien fermé. Répéter jusqu'à épuisement des ingrédients.

Cuisson des choux farcis

1 l de bouillon de bœuf maison
(ou autre viande)

50 g de beurre

Sel, poivre, thym

Placer les choux farcis dans un plat allant au four.

Verser une louche de bouillon chaud sur les choux pour les imbiber.

Parsemer de noisettes de beurre et enfourner à 180 °C pendant 20 minutes, jusqu'à ce qu'ils soient dorés et fondants.

Paysages de pommes

Difficile d'évoquer la cuisine alpine sans mentionner la richesse assez enchanteresse des vergers dans les pays de Savoie, réputés en général – et plus encore autrefois – pour leurs fruits, en particulier les pommes. Ces dernières bénéficient d'un climat dont la vaste amplitude thermique, sur des terrains fertiles situés entre 400 et 800 mètres d'altitude, permet d'obtenir des fruits dont la quantité n'est pas considérable mais la qualité remarquable, avec une quinzaine de variétés aujourd'hui reconnues par une « IGP » (Indication géographique protégée). Surtout, la culture de la pomme et plus simplement l'arboriculture sont indissociables d'un patrimoine extraordinairement précieux, à préserver et parfois à redévelopper : celui des paysages, qui ouvre nos assiettes à l'évidente beauté de la nature comme au cycle des saisons.

Dressage et service

Placer un chou farci dans chaque assiette creuse.

Ajouter quelques morceaux de pickles de pomme pour une touche fraîche et croquante.

Disposer quelques cubes ou points de gel de pomme autour du chou pour un effet visuel élégant et une explosion de saveurs.

Au dernier moment, verser le bouillon de bœuf bien chaud directement sur les choux farcis.

Astuce familiale

Pour un résultat parfait, veiller à utiliser un jus de pomme artisanal, non sucré, qui apportera des arômes authentiques. Le gel de pomme peut également être préparé à l'avance et se conserver deux jours au réfrigérateur.

Christophe Lancelot
LAFOLIEDOUCE

Christophe Lancelot
Soupe valpeline : la tradition en freestyle

Prenez un vieux classique du Val d'Aoste.

Ajoutez-y une pomme savoyarde, un chef de *La Folie Douce,* un brin de modernité, et vous obtenez un shoot de réconfort revisité : la soupe Valpeline twistée, entre vergers, fromages fondus et accents rock.

C'est le défi partagé par Maria-Elena depuis l'autre côté de la montagne.

Comme un écho venu du Val d'Aoste voisin, cette recette fait partie de la carte du restaurant *Lo Riondet* (juste derrière le col du Petit-Saint-Bernard). Une cuisine de famille, un plat de partage montagnard, qui parle fort et qui tient chaud. Mais ici, il prend des allures de nouvelle vague…

Christophe Lancelot fait fondre les codes, en version bouillon

Chef exécutif à *La Fruitière* des Arcs, le resto « chic rustique » imaginé par Luc Reversade, Christophe Lancelot travaille main dans la main avec Franck Mischler pour bousculer les habitudes. Dans cette soupe ? Du chou blanchi, du pain de seigle rassis, de la fontina, du bouillon maison… mais aussi un gel de pomme artisanal, et des pickles acidulés, pour un coup de fouet sucré-salé ultra stylé.

Chaleur, croquant, douceur : le trio gagnant

Les choux sont farcis comme des paquets cadeaux, dorés au four, puis arrosés de bouillon brûlant au dernier moment. Autour, quelques touches de gel de pomme, quelques pickles, et un dressage qui ferait rougir les meilleures tables. Résultat : une recette qui fait le pont entre deux versants alpins, généreuse, belle et libre comme l'air. La montagne comme on l'aime : enracinée, mais jamais figée.

Entre piste de ski et piste de danse

Mais *La Folie Douce* des Arcs, c'est plus qu'un dance floor perché à 2 000 mètres d'altitude. C'est un laboratoire de création à ciel ouvert, un terrain de jeu où la cuisine de montagne se réinvente chaque jour, entre rigueur alpine et grain de folie assumé. Ici, au milieu des alpages, on ne fait pas que la fête. On pense, on goûte, on bouscule les codes. La tradition n'est pas figée, elle est remixée à la sauteuse, à la flamme vive, et toujours avec le cœur. *La Folie Douce*, c'est la preuve qu'on peut faire fondre le fromage… sans jamais diluer l'identité.

John Guillot

Pour 4 personnes

Temps de préparation : *45 min.*
Temps de cuisson : *25 min.*

Velouté de potimarron, écume de lard

Velouté de potimarron

1 potimarron
1 oignon blanc
15 cl de crème à 30 % MG
50 g de beurre doux
Gros sel

Laver le potimarron, le couper en deux et retirer les pépins à l'aide d'une cuillère à soupe.

Émincer le potimarron en cubes de 5 cm. Éplucher et émincer finement l'oignon.

Dans un rondeau haut, faire fondre le beurre et faire revenir l'oignon puis le potimarron jusqu'à coloration. Mouiller à hauteur avec de l'eau et ajouter 1 pincée de gros sel. Laisser cuire jusqu'à ce que le potimarron soit bien tendre (une trentaine de minutes).

Écume de lard

200 g de poitrine de cochon
20 cl de crème à 30 % MG
20 cl de lait
100 g d'oignons blancs
10 cl de vin blanc

Tailler la poitrine de cochon en gros morceaux. Éplucher et émincer l'oignon. Dans une casserole, faire revenir le lard et l'oignon jusqu'à forte caramélisation. Déglacer au vin blanc et laisser réduire. Mouiller avec la crème et le lait. Laisser frémir à feu doux pendant 30 minutes.

Salpicon

300 g de potimarron
200 g de poitrine de cochon
1 zeste de citron jaune
2 cl d'huile d'olive
50 g de persil

Tailler 200 g de potimarron et le lard en brunoise. Dans un petit cul-de-poule, mélanger les deux avec le zeste de citron et l'huile d'olive. Réserver. Hacher le persil.

Finition et dressage

Égoutter le potimarron et récupérer l'eau de cuisson. Mixer le potimarron avec l'eau de cuisson jusqu'à l'obtention de la texture souhaitée. Ajouter la crème. Réserver au chaud. Passer la crème de lard dans un chinois et la débarrasser dans un bain-marie. Avec le potimarron restant, réaliser des lanières de potimarron cru avec une mandoline.

Dans une assiette creuse, dresser une quenelle avec le salpicon. L'entourer avec les lanières de potimarron cru. À l'aide d'un mixeur plongeant, émulsionner la crème de lard et déposer autour du salpicon l'écume obtenue.

Avec une grande saucière, verser la soupe chaude.

Astuces

Ne pas retirer la peau du potimarron (le choisir bio) pour accentuer la couleur orangée de la soupe.

Attention à ne pas rajouter trop de sel dans les différentes préparations car le lard est déjà salé.

Grâce au salpicon !

S'IL N'A RIEN de spécifiquement savoyard, le *salpicon,* mot un peu désuet qui fait rire les enfants, mérite bien quelques lignes dans un livre consacré à la cuisine de montagne. Il désigne un mélange d'ingrédients variés (viandes, abats, légumes...), coupés en dés et liés par une sauce, qui sert par exemple à garnir bouchées ou vol-au-vent. Cet art de la combinaison et du divers correspond bien à un usage coutumier dans des espaces comme ceux de la montagne, où rien ne doit se perdre, où la cuisine consiste aussi à lier, mélanger, créer à partir des restes. Et c'est l'occasion de citer un grand écrivain gourmet, qui fut pendant la guerre sauvé par l'hospitalité de Justes haut-savoyards, Georges Perec : « Pourtant nous lui mijotions, non sans amour, écrit-il dans *La Disparition*, un livre conçu tout entier sans la lettre e, un plat qu'il adorait : un aloyau aux oignons confits, un turbot au court-bouillon, du quasi, du boudin au raifort, un salpicon. »

John Guillot
Réchauffer l'automne

Imaginez l'odeur réconfortante d'un potimarron doucement doré, marié à une écume légère de lard qui flotte comme un nuage autour de chaque cuillerée.

Simple et sophistiquée à la fois, cette soupe signée John Guillot, jeune chef d'Annecy, est tout ce qu'il faut pour réchauffer l'automne. De retour en Haute-Savoie après des aventures culinaires à Londres, John s'amuse à revisiter cette recette familiale avec une touche de peps. Le résultat ? Un plat qui surprend les papilles autant qu'il réchauffe le cœur, sans complexité inutile.

Une couleur digne d'une flamme de cheminée

Pour John, tout commence par la couleur. L'astuce ? Ne surtout pas éplucher le potimarron pour préserver ce ton vif et chaleureux. Une fois coupé en cubes, on les dore avec un peu de beurre et de gros sel. Ensuite, on passe à l'étape surprise : l'écume de lard. Pour ceux qui ne connaissent pas, c'est comme un cappuccino, mais en version salée et fumée ! Dans une petite casserole, les morceaux de poitrine de cochon caramélisent, libérant des effluves grillés et un arôme de bois de cheminée. Avec un trait de vin blanc pour donner un coup de peps, puis de la crème et du lait, tout ça mijote à feu doux. Une fois prêt, un petit coup de mixeur plongeant, et cette crème mousseuse devient l'ingrédient magique de la soupe. Chaque bouchée promet une explosion de saveurs !

Un twist citronné qui chatouille les papilles

La vraie touche de John ? Une « gremolata » acidulée qui dynamise ce plat. Dans un petit bol, il mélange une brunoise de potimarron croquant et de lard, ajoute un filet d'huile d'olive et surtout du zeste de citron. Ça craque, ça pétille et ça rafraîchit chaque cuillerée. Ce coup de citron n'est pas juste là pour décorer, c'est le contrepoint parfait à la douceur du potimarron et à la richesse de l'écume de lard. Une bouchée, et on sent le zeste qui pique, l'olive qui adoucit, le potimarron qui croque : un vrai feu d'artifice en bouche !

Un petit truc en plus : le salpicon

Signifiant « mélange haché » en espagnol, cet accompagnement était utilisé pour réemployer les restes en cuisine. Il peut être servi chaud ou froid, et accompagné d'une sauce plutôt relevée.

Un dressage simple et authentique : la cuisine pour tous !

Pas besoin de se prendre la tête avec un dressage compliqué ! Dans une assiette creuse, une quenelle de salpicon est entourée de fines lanières de potimarron cru, pour ajouter un peu de croquant. Juste avant de servir, on émulsionne l'écume de lard qui vient se poser autour comme une caresse gourmande. Puis, la soupe est versée dans l'assiette sous les yeux des invités. C'est beau, c'est bon, et surtout, c'est facile.

Grains monta

Quand la farine r

Pain, crozets, polenta… ces classiques de la cuisine montagnarde ont un point commun : ils naissent tous d'un grain moulu, humble et essentiel. À travers le sarrasin, le seigle ou le maïs, c'est toute une culture paysanne qui se perpétue, rustique et généreuse, faite pour affronter le froid, nourrir les corps, et rassembler autour de la table dans une ferme ou un chalet. Une cuisine qui commence dans le sac de farine et finit, bien souvent, dans les souvenirs.

Les Crozets

La pâte qui te met au carré

Pas besoin de faire des ronds de jambe, ici on fait dans le carré, dans le brut, dans le sarrasin ou le nature ! Dans les montagnes, les crozets sont la preuve que la tradition pastière a sa place dans les Savoie. Depuis 1844, Alpina, à Chambéry, perpétue cet art avec passion, fabriquant des petites pâtes carrées à base de sarrasin, qui résistent aux frimas et aux estomacs affamés. Les crozets, on les adore en gratin, noyés sous une couche de beaufort fondant, ou simplement cuits à l'eau, avec un peu de beurre comme un retour à l'essentiel.

de
gne
aconte l'altitude

Polenta Cosi
Comme ça, c'est parfait !

La polenta, c'est l'histoire du maïs qui traverse les Alpes. Originaire du Piémont, elle s'est imposée en Savoie, à Nice, et dans toute l'Italie du Nord. Autrefois, elle était la base de l'alimentation paysanne, un plat rustique et nourrissant, parfait pour affronter les hivers rigoureux. Aujourd'hui, elle continue de réchauffer les montagnards, que ce soit en accompagnement ou en plat principal.

La polenta sublime les viandes en sauce, les ragoûts et les saucisses. En plat principal, elle se suffit à elle-même, parfois agrémentée de fromage, de champignons ou de beurre. Simple, mais efficace, la polenta reste fidèle à ses racines tout en s'adaptant aux tables modernes. Elle incarne la cuisine montagnarde : généreuse, authentique, et profondément enracinée dans le terroir. Un plat qui a traversé les siècles sans perdre de sa force.

Le pain de montagne
Rustique et généreux

En altitude, pas de baguette croustillante. Ici, on parle de pains qui tiennent au corps, calent un estomac comme un mur de pierres sèches. Seigle, campagne, peu importe, tant que ça nourrit et que ça résiste aux intempéries… sans miettes au fond du sac !

Pas de fioritures, juste du bon pain qui sent le terroir et la tradition, qui réchauffe autant que le vin chaud au coin du feu.

Montagne en mode brut

Pains, pâtes, polenta : ce trio, c'est le cœur battant de la cuisine paysanne de montagne. Des histoires de survie, de simplicité et de générosité. C'est une cuisine brute, directe, comme ceux qui la préparent. Pas de place pour le superflu, chaque plat a une raison d'être. C'est la montagne dans votre assiette : solide, vraie et terriblement réconfortante.

Marvin Lance

Pour 4 personnes

Temps de préparation : *4 h.*
Temps de cuisson : *2 h.*

Agnolotti d'agneau à l'ail des ours

Souris braisées

2 souris d'agneau (ou 500 g d'épaule désossée)
6 cl d'huile de colza
Garniture : 3 carottes
1 oignon
3 échalotes
6 gousses d'ail
10 cl de madère
1 c. à soupe de concentré de tomates
3 branches de thym
2 feuilles de laurier
70 cl d'eau
20 g de Maïzena

Préchauffer le four à 160 °C avec ventilation.

Assaisonner les souris puis à l'aide d'un sautoir les colorer à l'huile, puis ajouter la garniture taillée au préalable en brunoise afin de la colorer également.

Après la coloration, déglacer au madère, ajouter le concentré de tomates, le thym, le laurier et l'eau.

Couvrir le sautoir, enfourner pendant 2 heures.

Après cuisson, laisser légèrement refroidir afin de pouvoir récupérer la viande confite autour de l'os. Hacher au couteau en petits morceaux puis réserver afin de pouvoir réaliser la farce. Filtrer le jus de cuisson à l'aide d'une passette et lier à la Maïzena puis réserver le jus.

Pâte à agnolotti

250 g de farine
150 g de jaunes d'œufs
3,5 cl de vin blanc
5 g de sel

À l'aide d'un batteur équipé d'un crochet ou bien à la main sur votre plan de travail, pétrir tous les ingrédients (farine, jaunes d'œufs, vin blanc et sel).

Réserver au réfrigérateur le temps de la cuisson des souris d'agneau.

Pesto d'ail des ours

600 g d'ail des ours frais
50 g de noisettes torréfiées
50 g d'amandes torréfiées
10 cl d'huile d'olive
100 g de parmesan
8 g de sel
1 g de piment d'Espelette

Réserver 6 feuilles d'ail des ours fraîches.

Cuire à l'eau bouillante salée le restant d'ail des ours, égoutter.

À l'aide d'un mixeur, mixer le plus possible l'ail des ours cuit, les 6 feuilles crues, les noisettes, les amandes, le parmesan, l'huile d'olive, le sel et le piment.

Débarrasser en poche à douille.

Farce agnolotti

2 souris d'agneau confites
500 g d'épinards frais
2 échalotes ciselées finement
5 cl de jus de cuisson d'agneau
50 g de beurre
8 g de sel
1 g de poivre

Faire suer dans un sautoir les échalotes avec le beurre, puis ajouter les épinards frais équeutés au préalable, assaisonner en sel et poivre.

Cuire 2 minutes, débarrasser et laisser refroidir afin de pouvoir hacher finement au couteau les épinards.

Mélanger dans un récipient les épinards, l'agneau et le jus de cuisson.

Rectifier l'assaisonnement, mettre en poche à douille.

Façonnage, remplissage et cuisson des agnolotti

Durant la préparation, fariner votre plan de travail régulièrement.

À l'aide d'un laminoir ou bien d'un rouleau à pâtisserie, abaisser la pâte à 2 mm d'épaisseur.

Pocher la farce sur la pâte dans la longueur.

Mouiller à l'eau la pâte sur la partie supérieure, la rabattre sur elle-même pour recouvrir la farce.

Avec les doigts, pincer pour sceller la pâte entre chaque portion de farce.

Avec une roulette crantée, couper la pâte sur la partie supérieure afin d'obtenir un bord scellé et cranté. Puis séparer à l'aide de la roulette les agnolotti à chaque intervalle où la pâte a été pincée.

Cuire les agnolotti dans l'eau bouillante salée pendant 2 minutes, puis les égoutter.

Agnelot, agnolo, agnolotti… avec ou sans agneau !

Il n'est pas sûr que le poème que consacra aux agnelots Xavier de Maistre (1763-1852), grande figure savoyarde (qui a sa statue au pied du château des ducs de Savoie, à Chambéry, en compagnie de son fameux frère Joseph), soit le plus grand chef-d'œuvre de la littérature française… Il n'empêche : ce plat traditionnel, qu'on appelle dans le Piémont *agnolotti,* a droit ainsi à une place, méritée, dans les anthologies de textes consacrés à la cuisine de montagne. C'est dans la vallée de la Maurienne qu'on le trouve volontiers farci à la viande d'agneau, ce qui peut expliquer son nom, dont l'étymologie n'est pas certaine. Ce qui est sûr, en revanche, c'est que ce petit carré de pâte fourré, que l'on poche ou que l'on poêle, est représentatif du cousinage franco-italien qui se joue sans cesse dans les Alpes, où la frontière (du goût) réunit plus souvent qu'elle ne sépare !

Marvin Lance
Le plus marin de nos chefs de montagne

Marvin Lance, 30 ans, incarne cette nouvelle génération de chefs qui réinterprètent avec audace la cuisine de montagne.

Pendant des années, Marvin a été à la tête du *Saint-Nicolas* dans l'hôtel *Le Coin du Feu*, à quelques mètres du village de Megève. Marvin allie savoir-faire traditionnel et créativité contemporaine.

Le Coin du Feu n'est pas qu'un simple refuge alpin. Conçu à la fin des années trente, il fait référence au travail de l'architecte Henry Jacques Le Même, le maître d'œuvre de nombreux chalets emblématiques de Megève. Ici, tout nous fait penser à l'univers du skieur des années soixante. Le fruit d'un travail passionné de Nicolas Grivet, le propriétaire des lieux, qui tout comme moi est un Marseillais épris de ces alpages dorés du Haut Val d'Arly.

Un chef aux racines solides

Marvin n'a pas grandi dans les montagnes, mais il a été façonné par une cuisine de terroir authentique, héritée de sa tante, qui tenait un relais routier dans le Calvados. Très jeune, il a appris à faire plaisir à des clients exigeants. *Avant mes 10 ans : j'étais aux fourneaux avec elle. C'est l'ancrage de mon apprentissage. Une seule envie chaque jour : faire plaisir à une clientèle masculine qui n'aimait ni le changement ni la salade trop verte !*

Aujourd'hui, sa mère, Françoise Marot, suit son parcours avec fierté. Elle partage un souvenir qui en dit long sur l'esprit familial de Marvin, même loin de la mer. *Un jour, il m'a emmenée dans les bois pour cueillir de l'ail des ours. On n'avait rien pour le ramasser, alors on a tout entassé dans nos pulls. Maman, maman c'est de l'or ! Ça l'a tellement marqué qu'il veut même en faire le nom de son futur restaurant en Bretagne !*

L'ail des ours : le lien entre montagne et mer

Pour Marvin, l'ail des ours est un ingrédient fétiche, à la fois rustique et raffiné. Il en a fait l'élément central de ses agnolotti, une recette traditionnelle savoisienne qu'il a revisitée avec l'énergie et la curiosité qui le caractérisent. *Quand j'ai appris que vous vouliez des agnolotti, j'ai plongé dans l'histoire de ce plat. C'est une recette qui remonte à l'époque où la Savoie était encore dans le royaume du Piémont sarde. Avec l'ail des ours, l'agneau est sublimé.*

Les secrets de ses agnolotti

1. Une pâte harmonieuse

Le secret, c'est de bien mélanger les liquides – vin blanc, jaune d'œuf, sel – avant d'incorporer la farine. Ça garantit une pâte bien liée. Et un batteur avec un crochet, c'est parfait pour ça, Il faut mettre tout en même temps.

2. Pesto d'ail des ours

L'ail des ours, c'est le goût de la montagne. C'est subtil, mais plein de caractère. Si vous n'en trouvez pas, essayez le cresson ou la roquette, ça fait l'affaire.

3. Garder la forme

Pour que les agnolotti restent bien fermés, humidifiez seulement un côté de la pâte. Sinon, ça risque de glisser à la cuisson.

L'appel de la mer, le retour aux sources

Marvin a choisi de repartir vers la mer, mais il emportera un peu de notre montagne avec lui. Nicolas Grivet, le propriétaire du *Coin du feu*, confie les clés du bateau à Alexandre Ciesielski, un jeune chef qui a déjà partagé de jolis moments de cuisine aux côtés de Julien Gatillon à Megève, il y a quelques années. Une complicité avec Marvin Lance également, qui lui laisse cette belle recette d'agnolotti, et l'ail des ours en partage.

Pour 4 personnes

Temps de préparation : *20 min + 30 min de temps de repos pour la pâte.*
Temps de cuisson : *5 min.*

Raviolis de montagne, speck et fontina

Pâte à raviolis

300 ml d'eau
300 g de farine
200 g de semoule
1 c. à café de sel
3 jaunes d'œufs

Assembler tous les ingrédients dans un cul-de-poule, puis finir de travailler la pâte directement sur le plan de travail. Laisser reposer au réfrigérateur au minimum 30 minutes.

Diviser la pâte en deux.

Abaisser la pâte à la main pour avoir une forme ronde et plate.

Ensuite l'étaler au rouleau pour avoir une épaisseur de moins d'1 mm.

Battre les jaunes d'œufs et en badigeonner légèrement la pâte.

Farce

100 g de cèpes poêlés
1 pincée de persil
1 c. à café d'ail
1 c. à café de sel
100 g de ricotta
1 c. à café de chapelure
1 pincée de noix de muscade

Poêler les cèpes, les transvaser dans le mixeur puis rajouter le persil, l'ail, le sel, la chapelure et la noix de muscade. Mixer l'ensemble pour obtenir un appareil onctueux. Puis incorporer 100 g de ricotta, et mixer de nouveau.

Déposer 1,5 c. à soupe de farce par ravioli.

Refermer les raviolis

Utiliser du jaune œuf à l'intérieur du ravioli.

Pour les refermer, utiliser une petite fourchette trempée régulièrement dans un récipient d'eau chaude.

La cuisson

Placer les raviolis un par un dans une eau frémissante. Compter 5 minutes pour une cuisson *al dente*, et 6 min 30 pour une texture plus fondante.

Espuma de sapinette

300 ml de crème liquide à 30 % MG
4 c. à soupe d'alcool de sapinette
1 pincée de sel

Mettre les 300 ml de crème dans le siphon, avec 4 c. à soupe de sapinette, 1 pincée de sel et compter 3 capsules de gaz, remuer tête en bas.

Crème de fontina

200 g de fontina taillée en petits cubes
300 ml de crème fraîche à 30 % MG
2 tours de moulin à poivre

Faire chauffer la fontina à feu doux, laisser fondre tranquillement en remuant de temps en temps avec un fouet. À la fin de la cuisson, rectifier l'assaisonnement avec 2 tours de moulin à poivre.

Les chips de jambon

100 g de speck

Découper 100 g de speck en julienne (4 tranches d'environ 1,5 cm). Les faire revenir avec un filet d'huile olive, puis cuire au four avec du papier sulfurisé 6 minutes à 180 °C.

Une douceur transalpine

La saveur de la *fontina* a la douceur que suggère son nom italien, qui se dit plus rarement en français « fontine ». Ce nom provient-il d'un alpage valdôtain appelé « Fontin », ou du mot de vieux français « fontis » ? Rien n'est sûr, comme souvent pour les étymologies culinaires, mais ce qui se révèle incontestable, c'est l'identité de ce fromage à pâte pressée non cuite, fabriqué avec du lait de vache de la race valdôtaine qui produit au pied du mont Blanc un lait de peu de quantité, mais de grande densité. Avec sa croûte fine, sa belle couleur jaune et son goût délicat de noisette, la fontina peut parfois s'apparenter au fromage d'Abondance ou même à la raclette, mais elle a de toute évidence sa propre personnalité, qui trouve sa juste place dans des recettes originales.

Finition et dressage

Placer la crème de fontina au cœur de l'assiette. Puis déposer délicatement les raviolis, rajouter un filet de crème de fontina par-dessus, puis ajouter les chips de speck. Et pour terminer, donner 2 tours de moulin à poivre et déposer 5 gouttes d'espuma de sapinette. Servir chaud.

Les frères Commazzetto Speck, fontina et un air de Chamonix

Un bon ravioli commence toujours par une bonne pâte.

Ici, pas de précipitation. *Il faut la travailler avec patience, la laisser reposer, l'étirer finement, sinon, ça colle et ça ne cuit pas bien*, confie David.

Valerio a planté son drapeau à Chamonix il y a des décennies avec *Casa Valerio*, une trattoria où la montagne rencontre l'Italie dans une explosion de saveurs authentiques. Aujourd'hui, ses fils David et Marco ont repris le flambeau et continuent d'écrire l'histoire familiale. Leur recette de raviolis de montagne en est la parfaite illustration : un plat réconfortant, inspiré du Val d'Aoste et taillé pour affronter les hivers chamoniards.

Cèpes, ricotta et un peu de magie

300 g de farine, 200 g de semoule, de l'eau, du sel et un tour de main bien rodé. Après un temps de repos au frais, la pâte est abaissée au rouleau pour obtenir la finesse idéale. *Si c'est trop épais, ça gâche tout.*

La farce est une petite bombe savoureuse : cèpes poêlés, persil, ail, ricotta et chapelure. Le tout mixé jusqu'à obtenir une texture onctueuse, puis relevé d'une touche de muscade. *On veut du goût et du fondant*, précise Marco.

Fontina, speck et réconfort alpin

Une fois les raviolis plongés dans une eau frémissante, l'accompagnement se prépare. La fontina fond doucement avec de la crème fraîche, devenant une crème veloutée, onctueuse et enveloppante. *C'est le câlin du plat*, plaisante David. Pour le croquant, du speck croustillant, séché au four et taillé en julienne. *J'adore ce goût fumé, c'est l'âme de la montagne.*

Un finish tout en légèreté

En touche finale, un espuma de sapinette. La crème est montée au siphon avec une infusion d'alcool de sapin, et dispersée en légères gouttes parfumées. *Ça apporte une note fraîche, presque aérienne*, explique Marco.

Et si demain David devait partir loin ?

Il emporterait une tomme de Savoie *avec un bout de pain, tout simplement.* Parce qu'après tout, la vraie cuisine de montagne, c'est celle qui rassemble, réchauffe et laisse une trace dans la mémoire. *Est-ce que je pourrais vivre ailleurs ? Jamais !* David est catégorique. Chamonix, c'est son terrain de jeu, son refuge. *Les saisons changent, mais ici, tout reste authentique. C'est comme notre cuisine : généreuse, sincère, faite pour être partagée.*

Pour 4 personnes

Temps de préparation : *4 h.*
Temps de cuisson : *2 h.*

Polenta crémeuse, beaufort, oxalis

Jaune d'œuf confit

4 œufs
Eau

Casser les œufs, séparer les blancs des jaunes et mettre les jaunes dans un saladier. Recouvrir d'eau à niveau et cuire à 55 °C pendant 2 heures dans un four à chaleur tournante.

Huile d'oxalis

300 ml d'huile de pépins de raisin
150 g d'oxalis

Mixer 150 g d'oxalis avec 300 ml d'huile et filtrer.

Aïoli à l'oxalis

150 ml de lait de soja
15 ml de jus de citron vert
15 ml de vinaigre de Xérès
20 g de moutarde
2 gousses d'ail
280 ml d'huile d'oxalis

Mixer tous les ingrédients sauf l'huile à l'aide d'un mixeur plongeant, puis verser lentement l'huile, afin de l'émulsionner.

Polenta crémeuse

400 g de polenta fine Alpina
600 ml de bouillon de légumes
400 g de crème liquide à 35 % MG
50 g de beurre
2 gousses d'ail
Sel et poivre

Émincer les gousses d'ail, faire fondre le beurre, faire revenir l'ail, ajouter la polenta et faire revenir pendant 2 minutes pour apporter une légère coloration. Incorporer le bouillon de légumes ainsi que la crème. Cuire à feu doux en remuant constamment jusqu'à ce que la polenta soit cuite, assaisonner et réserver.

Chips de polenta

Prendre environ 400 g de polenta crémeuse et l'étaler à l'aide d'un rouleau à pâtisserie entre deux feuilles de papier sulfurisé. À l'aide d'un emporte-pièce, faire 8 cercles d'un diamètre d'environ 8 cm et cuire au four à 180 °C pendant 20 minutes.

Siphon de polenta et beaufort

50 g de beaufort d'alpage
200 ml de lait
400 ml de bouillon de légumes (200 ml + 200 ml)
2 branches de thym
2 feuilles de laurier
3 gousses d'ail
40 ml de mondeuse
40 g de polenta
Sel et poivre

Râper le beaufort. Faire infuser le lait, 200 g de bouillon de légumes, le thym et le laurier pendant 10 minutes puis filtrer et réserver. Émincer les échalotes et l'ail et les faire revenir avec le beurre, déglacer au vin blanc, puis ajouter l'infusion lait/bouillon de légumes ainsi que la polenta. Cuire pendant environ 8 minutes en remuant fréquemment. Ajouter le beaufort et laisser refroidir. Mixer ensuite avec les 200 ml de bouillon de légumes restants et passer au chinois. Remuer et passer à nouveau au chinois. Réchauffer le mélange puis le transférer dans le siphon et intégrer deux cartouches de gaz.

Finition et dressage

60 g de truffe noire
40 g de crème
Pousses d'oxalis
Fleurs comestibles

Faire réchauffer la polenta crémeuse. Ajouter la crème et 40 g de truffe râpée.

Dans un emporte-pièce, alterner deux couches de polenta avec la chips, puis ajouter le jaune d'œuf confit au milieu et dresser le siphon sur le dessus. Râper le reste de la truffe en fines lamelles, décorer avec les fleurs de votre choix et ajouter quelques gouttes d'huile d'oxalis.

Sa majesté le beaufort

D'aucuns disent que c'est le roi des fromages de montagne : quoi qu'il en soit, le *beaufort* est un incontournable de la table savoyarde. Ce membre éminent de la famille des gruyères, remarquable par la taille de ses meules (qui pèsent en moyenne 40 kg), se distingue par son talon concave et son goût riche et nuancé, en particulier pour le beaufort d'été, quand les vaches paissent l'herbe fraîche des alpages… Affiné pendant cinq mois au minimum, il n'utilise que du lait entier de vache de race tarine ou abondance, et l'exigence de ses critères de fabrication explique qu'il puisse être d'un prix élevé. Son histoire remonte en tout cas au XVIIe siècle, quand dans la vallée du Beaufortain on se mit à fabriquer du « grovire », rebaptisé beaufort seulement en 1865, après avoir fait le bonheur (entre autres) de la capitale parisienne pendant la Révolution française, puisque le Comité de salut public en commanda pas moins de 10 000 quintaux. Un siècle après son acte de baptême, le beaufort connaîtra quelques tourments : dans le contexte des années 1960, où l'agriculture de montagne peine à rivaliser, en termes d'emplois, avec l'attractivité nouvelle des stations de ski et des installations hydro-électriques qui se développent alors dans les Alpes, sa production chute, avant de connaître une renaissance spectaculaire, amorcée par une Appellation d'origine contrôlée obtenue dès 1968 et consacrée par la création d'un Syndicat de défense du beaufort particulièrement actif.

Auberge de
Hugo
Maître de

Hugo Lemercier
L'âme d'aubergiste au cœur de la vallée de Chamonix

Plat rustique venu des montagnes du nord de l'Italie, la polenta concia est un hommage aux recettes paysannes.

Riche, simple, nourrissante, elle se savoure en famille, au coin du feu ou autour d'une grande table. Hugo Lemercier, chef propriétaire de l'*Auberge des Gorges* à Servoz, pour qui *la polenta, c'est aussi un souvenir d'enfance d'été, cuite au feu de bois*, lui donne ici une tournure nouvelle. Adieu le poêlon en bois, place à un dressage minimaliste.

Tradition et beaufort : le choix de la Savoie

Dans le Val d'Aoste, la polenta s'accompagne traditionnellement de fontina. Hugo opte pour le beaufort, fromage emblématique de la Savoie, ajoutant une touche locale et un goût franc. Il mentionne la manigodine, mais pour lui, le beaufort *apporte la vraie note savoyarde.* Une substitution qui enrichit cette recette alpine sans la dénaturer, tout en respectant le goût si particulier de la polenta Alpina Savoie.

L'art de cuisiner la polenta Alpina Savoie

Hugo sait qu'une polenta bien cuite est essentielle : *Quand elle se décolle de la casserole, c'est qu'elle est prête.* Avant d'ajouter le bouillon et le lait, il la fait revenir légèrement au beurre pour un fond torréfié, sans excès. Ce geste, simple mais crucial, intensifie la saveur avec un petit goût de noisette, et donne une texture parfaite.

Finesse et équilibre : polenta, truffe et acidité

Dans sa version modernisée, Hugo ajoute une touche d'acidité avec de l'huile d'oxalis.

Les baies de genièvre de la recette originale ? Oubliées, pour éviter une surcharge aromatique. Le point d'orgue reste la truffe, ajoutée à la dernière minute, *à 60 degrés maximum*, pour préserver son parfum intact.

Un dressage tranché

À l'heure du dressage, Hugo casse les codes. Au lieu de la polenta rustique partagée dans un plat, il présente sa version en couches : polenta crémeuse, chips croustillantes, jaune d'œuf confit et touche de truffe râpée. Un montage épuré et élégant, qui modernise ce plat ancien, héritage de traditions séculaires.

Lucie Faucheux

Pour 6 personnes

Temps de préparation : *40 min.*
Temps de cuisson : *2 h 30.*

Polenta légère aux fleurs de montagne

Polenta aux fleurs

100 g de polenta fine Alpina
1 l de lait entier
100 g de beurre
1 pincée de sel
Mélange de fleurs séchées (souci, bleuet, lavande, bruyère)

Faire chauffer le lait avec un peu de sel. Mettre la moitié des fleurs dans un sachet à thé et laisser infuser pendant 15 minutes. Retirer le sachet. Réchauffer le lait et ajouter la polenta en pluie et faire cuire sur feu doux avec un couvercle. Remuer régulièrement. Lorsqu'elle est cuite, retirer du feu, ajouter le beurre. Rectifier l'assaisonnement. Mixer à l'aide d'un robot. Elle doit être onctueuse. Verser dans un siphon, en mettant 2 cartouches de gaz. Garder au chaud.

Confit de caïon

Huile de pépins de raisin
1,5 kg d'échine de cochon fermier
2 l de vin rouge (mondeuse)
2 traits d'armagnac
10 ml de crème liquide
10 ml de sang de porc
1 carotte
1 oignon
80 g de lardons fumés
Laurier, thym
Poivre, genièvre
Farine

Détailler l'échine en petits cubes. Faire revenir avec de l'huile dans une cocotte. Ajouter les lardons et laisser dorer. Couper l'oignon et la carotte en petits dés. Les verser dans la cocotte pour décoller les sucs. Ajouter 2 cuillerées de farine, mélanger à l'aide d'une spatule et laisser cuire pendant 2 minutes. Déglacer avec l'armagnac puis la mondeuse à hauteur. Ajouter les aromates. Laisser cuire à feu doux sans couvercle entre 1 heure et 1 h 30 jusqu'à ce que la viande soit fondante.

Retirer la viande pour finir la sauce. Ajouter la crème et le sang sans faire bouillir pour éviter la coagulation.

Pickles de légumes

2 carottes de couleur
6 oignons grelots
100 ml d'eau
50 ml de vinaigre
25 g de sucre en poudre

Faire bouillir le vinaigre, l'eau et le sucre.

Tailler la carotte en fines lamelles et couper à l'aide d'un emporte-pièce en forme de fleur.

Couper les oignons en deux pour retirer les pétales. Recouvrir séparément les légumes de marinade.

Faire mariner au moins 2 heures.

Finition et dressage

Mélange de fleurs
Pickles de carottes/oignons

Verser 2 c. à soupe de sauce au centre d'une assiette creuse. Disposer une portion de viande sur la sauce. Recouvrir la moitié de la viande avec la polenta légère. Dresser les pickles sur la viande. Parsemer le plat avec les fleurs restantes.

Tout est bon dans le caïon

Le *caïon* est un mot qui vient du franco-provençal (cette langue romane parlée en France, Suisse et Italie, qu'on appelle aussi l'arpitan) pour désigner le cochon, et plus particulièrement le porc destiné à la consommation. En montagne, son importance est évidemment considérable : on le célèbre et on l'abat, au début de l'hiver, dans les familles, où ses morceaux traités en salaison et parfois fumés pourront servir longtemps à fournir la table en lard, jambon, saucissons... Il existe encore, à Annecy, une « fête du caïon » proposant un concours d'imitation du cri du cochon, dont le bon goût n'est pas évident, mais qui rappelle la place éminente dans l'imaginaire rural d'un animal qui accompagnait au quotidien la vie sociale et domestique des villages savoyards.

La fricassée de cochon : version Lucie Faucheux

À l'origine, c'est un plat de cocotte.

La fricassée de caïon, dans sa version ancestrale, c'est de l'échine de porc marinée à l'eau-de-vie, longuement mijotée au vin rouge, liée au sang et à la crème, servie brûlante à la louche. Un plat de montagne, rugueux, nourrissant, taillé pour les jours de froid.

Et puis est arrivée Lucie Faucheux, cheffe espiègle et instinctive, au regard qui pétille. Elle s'est emparée de cette recette rustique avec la délicatesse de celles qui savent. Elle n'a rien trahi, juste allégé, repensé, redressé. Son cochon ? Toujours fermier, mais découpé fin, saisi doucement, parfumé au genièvre, à l'armagnac et à la mondeuse, monté avec un jus concentré, enrichi d'un trait de crème et de sang. Mais sans ébullition : ici, rien ne fige.

Un plat rustique, un dressage « d'alpages »

Là où Lucie fait tout basculer, c'est dans le dressage. La viande fondante est déposée au centre d'une assiette creuse. Elle la recouvre à moitié d'une polenta montée au siphon, infusée de fleurs séchées d'alpage – souci, lavande, bleuet, bruyère... une mousse chaude et légère, comme une crème de prairie. Autour, elle dispose des pickles de carottes et d'oignons grelots, taillés en pétales, trempés dans un vinaigre doux. L'acidité réveille la profondeur du plat, les fleurs lui offrent de la nuance, la tradition prend un éclat nouveau.

Bozel, l'autre versant de la vallée

Avec son compagnon Peter Riedijk, chef du restaurant *L'Achillée*, ils ont fait de Bozel leur camp de base. Ici, pas de télécabine (pour l'instant) ni de palace. Juste un village, une salle à manger, et des assiettes vivantes. À *Millefeuille Café*, on boit, on grignote, on papote, on mange libre. Comme Lucie, comme son plat : intense, joyeux, et sans filtre. Une cuisine de caractère, qui fait le lien entre les fermes et les fleurs. Une table libre et culottée, à quelques virages de Courchevel, à mille mètres de l'agitation et des lumières qui clignotent. Elle y crée des assiettes comme elle parle : sans détour, avec relief et bonne humeur.

Pour 1 personne

Temps de préparation : *30 min.*
Temps de cuisson : *2 h 30.*

Risotto comme un cannelloni, ail des ours

Cannelloni de tomme de Savoie

Tomme de Savoie

Couper deux tranches de tomme de Savoie d'1 mm d'épaisseur à l'aide d'une trancheuse ou d'un couteau. Les mettre bout à bout sur la longueur afin d'avoir une surface plus conséquente.

Sur une plaque de cuisson, enfourner dans un four préchauffé à 180 °C durant 4 minutes sans ventilation, avec une extraction d'humidité à 70 % si le four le permet.

Une fois sorti du four, à l'aide d'une spatule, enrouler le rectangle de tomme autour d'un cylindre.

Laisser refroidir et retirer le cylindre.

Pesto ail des ours

50 g d'ail des ours frais
20 g de parmesan râpé
1 pincée de sel
3 c. à soupe d'huile d'olive

Déposer tous les ingrédients dans un mixeur et mixer jusqu'à l'obtention d'un mélange homogène, gérer la quantité d'huile d'olive pour obtenir la consistance souhaitée.

Risotto ail des ours

50 g de riz spécial risotto
10 g de beurre
200 ml de bouillon de légumes
2 c. à soupe de vin blanc
½ échalote
10 g de tomme de Savoie en petits cubes
1 c. à soupe de crème à 35 % MG
1 c. à soupe de pesto d'ail des ours
Poivre du moulin

Ciseler l'échalote, dans une casserole la faire suer dans le beurre, ajouter le riz. Lorsqu'il devient translucide, déglacer au vin blanc.

Une fois le vin blanc absorbé, mouiller le riz avec le bouillon de légumes jusqu'à absorption totale, continuer de rajouter du bouillon jusqu'à ce que le riz soit tendre et moelleux, en laissant le riz absorber la totalité du bouillon entre chaque ajout.

En fin de cuisson, ajouter le pesto d'ail des ours, du poivre ainsi que la tomme fraîche puis couper le feu et mélanger.

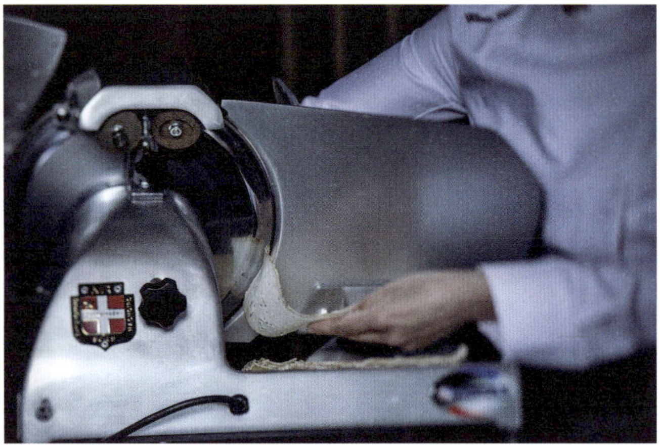

Espuma tomme de Savoie

125 ml de lait entier
125 ml de crème à 35 % MG
90 g de tomme de Savoie râpée

Mettre à chauffer le lait et la crème. Incorporer à chaud la tomme râpée avec un fouet. Une fois le mélange homogène, refroidir en cellule ou dans un cul-de-poule d'eau froide.

Remuer régulièrement afin d'éviter qu'une pellicule se forme sur le dessus, passer au chinois.

Transvaser le tout dans un siphon, mettre une cartouche de gaz, l'espuma est prête à l'emploi.

Aïoli d'ail des ours

20 g d'ail des ours frais ou en pesto
1 jaune d'œuf
1 c. à soupe de moutarde
1 c. à soupe de jus de citron
200 ml d'huile de tournesol
Sel et poivre

Hacher l'ail des ours et le mélanger avec le jaune d'œuf, la moutarde et le jus de citron. Verser l'huile en filet tout en fouettant le mélange jusqu'à l'obtention d'une consistance assez ferme. Assaisonner.

Pickles d'oignon rouge

1 oignon rouge
250 ml de vinaigre de cidre
125 ml de vinaigre de vin rouge
50 g de sucre de canne
1 pincée de sel
Poivre 5 baies

Éplucher l'oignon, le couper dans la largeur en conservant les rondelles intactes afin de créer des formes de cercle.

Dans une casserole, verser les 2 vinaigres et le sucre et porter à ébullition. Mélanger le sucre et s'assurer qu'il soit bien dissous. Éteindre le feu, ajouter le poivre, le sel et les lamelles d'oignon. Laisser mariner minimum 2 jours avant de les consommer.

Les pickles se conservent environ 1 mois.

Tuiles salées

100 g de blancs d'œufs
80 g de farine T55
50 g de beurre fondu
1 pincée de sel
1 c. à café de pesto d'ail des ours

Mélanger les blancs d'œufs avec la farine et la pincée de sel. Une fois le mélange homogène, ajouter le beurre fondu et le pesto d'ail des ours.

Garnir les moules du mélange à la spatule et bien étaler dans tous les recoins. Enfourner 2 minutes à 190 °C. Démouler dès la sortie du four et laisser refroidir.

Poudre d'ail des ours

100 g d'ail des ours frais

Placer les feuilles sur une plaque de four et les enfourner pour 2 heures à 120 °C. Une fois froides, les mixer au robot-coupe jusqu'à l'obtention d'une poudre fine.

Au réveil des marmottes

L'ail des ours est une plante aujourd'hui très à la mode, mais elle n'a pas attendu les tendances contemporaines de la gastronomie pour agrémenter les tables printanières des montagnards. Le nom le dit bien, qui suggère la fin de l'hiver : ses belles feuilles tendres, qui apparaissent dans les Alpes généralement au mois de mars et avril, fourniraient la première nourriture disponible aux ours au renouveau de la saison… L'ail des ours aurait donc pu s'appeler tout aussi bien « ail des marmottes » ! Quoi qu'il en soit, le succès de l'utilisation en cuisine de cette plante autrefois réputée magique nous rend attentifs à l'usage ancestral, et même archaïque de la cueillette, longtemps associée aux seules nécessités d'une population paysanne pauvre, voire miséreuse, mais que la gastronomie la plus raffinée a rétablie dans sa valeur fondamentale, comme un élément essentiel de la cuisine de montagne.

Finition et dressage

Fleurs de pensées

Garnir le cannelloni de tomme de Savoie avec le risotto d'ail des ours à l'aide d'une poche à douille. Le disposer au centre de l'assiette.

Disposer les rondelles de pickles d'oignon rouge, puis les remplir avec l'espuma de tomme de Savoie.

Réaliser des chips de tomme de Savoie de la même façon que les cannellonis, en les laissant cuire 1 minute de plus. Les laisser refroidir et les casser.

Pocher l'aïoli d'ail des ours sur le cannelloni, disposer les éléments de décor (chips de tomme de Savoie, tuiles salées, fleurs de pensées comestibles, poudre d'ail des ours).

Elisa Negri

Elisa Negri
La cheffe alpine venue du Sud

Née à Marseille, installée à Bourg d'Oisans,

Elisa emballe ses souvenirs dans un rouleau de tomme, entre cueillette printanière et cuisine de montagne.

Le risotto roulé dans le bon sens

Elle aurait pu en faire un arancini, mais ça sonnait faux.

Trop attendu. Trop lourd. Alors Elisa a roulé son risotto à l'ail des ours dans une fine tranche de tomme de Savoie, taillée à 1 mm, juste passée au four pour l'assouplir. Résultat : un cannelloni crousti-fondant, farci d'un riz nacré au bouillon, au pesto maison et à la tomme fondue. Une bouchée dense, végétale, enveloppante. *J'aime cette forme. Elle rassemble. Elle raconte.*

Tout le printemps dans une assiette, comme un cannelloni d'herbes

Autour du cannelloni : des pickles d'oignon rouge comme des petits bijoux acides, un espuma léger à la tomme, un aïoli d'ail des ours, des tuiles fines, quelques fleurs comestibles, et une poudre d'herbes séchées. Une assiette vivante, qui évoque les herbes fraîches, la lumière du matin, et l'élégance discrète d'une cuisine sensible. *C'est une entrée que je pourrais manger au bord du lac de Sainte-Croix, en terrasse. Le Sud n'est jamais loin.*

De la garrigue aux cimes

Elisa a grandi entre les oliviers, les figuiers, la lavande et les feux de cheminée. Une Provence qu'elle porte jusque dans sa peau : sur son bras droit, une branche d'olivier tatouée, en hommage à son grand-père. *C'est lui, la Provence, pour moi.* Elle parle avec cet accent qui chante sans jamais forcer, assume sa chaleur naturelle, son franc-parler et son appétence pour les bons produits. Mais c'est à Bourg d'Oisans, au pied de l'Alpe d'Huez et des Deux Alpes, qu'elle a posé ses valises. *Je voulais un lieu de vie. Pas une adresse de passage. Ici, on respire, on prend le temps. Et les habitants m'ont accueillie à bras ouverts.*

Une cheffe libre, enracinée et solaire

Pas de grande école. Pas de parcours formaté. *J'ai été bergère jusqu'à mes 22 ans. J'ai travaillé la terre, élevé des bêtes. Je sais d'où vient ce que je cuisine.* Aujourd'hui, elle est cheffe, sans costume ni diplôme. Une autodidacte fière de ses choix. Son petit restaurant, *La Table d'Élisa*, vient d'ouvrir, avec un salon de thé maison. Elle y insuffle du Sud, du cœur, et beaucoup de liberté. Et sur le mur de sa cuisine, une phrase résume tout : *L'amour se cuisine tous les jours.*

Pour 4 personnes

Temps de préparation : *30 min.*
Temps de cuisson : *20 min.*

Recette à prévoir en deux temps : une partie est à réaliser la veille ou quelques jours avant.

Risotto de cardons et vieille tomme

Cardons en bocal
(préparation 1 jour avant utilisation minimum)

14 g de sel
Le jus d'1 citron jaune
1 l d'eau
500 g de cardons

Nettoyer et éplucher les cardons. Le cardon doit être mis dans de l'eau avec du citron pour toutes les étapes afin d'éviter l'oxydation.

Porter à ébullition l'eau, le sel et le jus de citron. Disposer les morceaux de cardon dans le bocal. Ajouter l'eau bouillante par-dessus, remplir totalement le bocal. Le refermer. Cuire à 95° C pendant 1 h 30, voire 2 heures au four vapeur ou disposer les bocaux dans une grosse casserole avec de l'eau. Cela permettra de pasteuriser vos bocaux.

Jaune confit
(préparation 1 jour avant utilisation minimum)

100 g de sel
30 g de sucre
1 jaune d'œuf

Mélanger sel et sucre. Casser l'œuf. Séparer le blanc du jaune. Disposer le jaune sur un lit du mélange sucre-sel, puis le recouvrir de ce mélange. Le jaune d'œuf doit être entièrement entouré. Laisser 24 heures au frigo. Rincer, puis sécher. Laisser au frigo afin de le sécher.

Le roux

60 g de beurre
50 g de farine

Faire fondre le beurre dans une sauteuse. Ajouter la farine en une seule fois. Bien mélanger au fouet et cuire quelques minutes à feu modéré. Il faut que la farine se mélange parfaitement au beurre. Attention à ne pas laisser de grumeaux de farine et à ne pas faire brunir le roux, il doit rester blanc. Refroidir au frigo.

Os à moelle

2 pièces d'os à moelle façon gouttière de 200/250 g

Plonger les os à moelle dans un récipient rempli d'eau afin d'en extraire les impuretés. Laisser les os dans cette solution au frigo durant 1 heure, avant de les rincer à l'eau. Disposer dans une casserole les os à moelle, les recouvrir d'eau froide, puis porter à ébullition. Sortir les os de l'eau, puis retirer la moelle de l'os. Disposer la moelle dans une casserole et la faire fondre. Passer à la passette afin de récupérer seulement les gras de la moelle.

Croûtons au pain de seigle

1 pain de seigle

Tailler des croûtons avec le pain de seigle. Dans une poêle, mettre le gras de moelle. Faire chauffer, puis ajouter les croûtons. Remuer afin d'avoir une coloration uniforme. Mettre à égoutter.

Réalisation du risotto

500 ml de jus de cuisson des cardons
300 g de cardons
400 g de crème 35 % MG
35 g de mascarpone
60 g de vieille tomme

Prendre un bocal de cardon. Séparer le jus de cuisson des cardons.

Mettre à réduire le jus de cuisson jusqu'à obtenir 60 ml. Ajouter la crème. Réduire de moitié. Lier avec 25 g de roux (tailler le mélange au couteau). Bien fouetter à feu doux. Quand le mélange commence à s'épaissir, ajouter le mascarpone et la tomme passée à la râpe.

Tailler les cardons en petits cubes. Les ajouter à la préparation. Faire cuire le tout 10 minutes.

Finition et dressage

600 ml d'huile de friture
1 branche de cardon
1 botte de ciboulette
Les croûtons de pain de seigle
Des cubes de vieille tomme
1 pièce de jaune confit

Ciseler la ciboulette.

Tailler des cubes de vieille tomme.

Faire de fines tranches de cardon. Les plonger dans une friteuse ou une casserole avec de l'huile à 150° C. Égoutter les chips de cardon.

Disposer le risotto dans les assiettes. Parsemer délicatement la ciboulette. Râper le jaune confit sur le risotto avec une Microplane®. Déposer les cubes de vieille tomme, ainsi que les croûtons. Finir en mettant les chips de cardon.

La poésie du risotto

Venu vraisemblablement de Sicile, le *risotto* a connu depuis le Moyen Âge une histoire voyageuse, comme beaucoup d'autres plats : sa recette, même si elle n'est attestée sous ce nom qu'à partir du milieu du XXe siècle, se retrouve dès les années 1800 dans le nord de l'Italie, où les marais de la vallée du Pô favorisent la riziculture. C'est donc assez naturellement qu'elle passe la frontière, le traitement du riz devenant par exemple une activité importante à Modane, en Maurienne. Mais la bonne fortune du risotto, italien ou savoyard, n'est pas seulement évocatrice d'un certain développement économique, au début du siècle dernier : elle en appelle aussi à l'ancienne poésie onomastique des variétés de riz, celui-ci devant être blanc, rond et riche en amidon, pour favoriser une texture onctueuse. On rêvera ainsi à l'*arborio* ou au *carnaroli* à gros grains, au *vialone nano* à petits grains ou aux *balilla* et *maratelli*... Avant peut-être de les oublier, dans une recette originale où les cardons, légumes assez peu cuisinés aujourd'hui (mais qui ont connu leur heure de gloire, au XIXe siècle, sur les tables savoyardes) ont remplacé le riz !

Cuisiner face au géant des Alpes : le rêve de Quentin Veyrat

Quentin Veyrat, jeune chef de Haute-Savoie, incarne l'esprit des montagnes, un subtil mariage entre les vallées des Aravis et du Pays du Mont-Blanc.

À Chamonix, au *Bois Prin,* sous l'œil vigilant d'Emmanuel et Kristin Renaut, il façonne une cuisine brute et élégante, où la rondeur des alpages se heurte à la verticalité des parois minérales. Ici, chaque plat est une danse, un équilibre subtil, un coup de couteau précis, face au glacier des Bossons.

Le défi des cardons

Quand j'ai parlé des cardons à Quentin, ses yeux ont brillé. Tout de suite, des souvenirs de famille ont ressurgi : le gratin de Noël, la poularde, le chapon. Des plats rustiques, ancrés dans la tradition, dans lesquels il puise son inspiration. Mais ce n'est pas tout. Avec René Meilleur, nous avons lancé un défi à ce gamin du pays : sublimer ce légume d'automne en plein été. Quentin a relevé le « gant de cuisine » avec une audace qui nous a bluffés.

Le risotto de cardons à la moelle révélé

Le résultat ? Un risotto de cardons à la moelle. Une claque. Quentin réinvente la tradition avec une sincérité désarmante. Chaque bouchée est un hommage vibrant à sa terre savoyarde. La tomme de Savoie apporte ce goût caractéristique, avec ses pointes d'amertume, tandis que le jaune d'œuf confit ajoute une touche de rondeur, un clin d'œil à l'Italie voisine. C'est comme une carbonara réinventée, où le rustique rencontre le raffinement.

Une leçon de sincérité

Quentin Veyrat ne cuisine pas seulement face au géant des Alpes, il se mesure à lui. Sa cuisine, c'est celle de ses racines, de ses souvenirs, mais aussi de sa vision. En transformant un simple cardon en un risotto sublime, il montre que la tradition peut être audacieuse, que la rusticité peut être élégante. Ce plat est une leçon de sincérité, une preuve que, même en été, les saveurs d'automne peuvent éblouir.

Envie de goûter ?

Après avoir lu ça, impossible de résister. Le risotto de cardons à la moelle de Quentin, c'est un plat à essayer, un voyage culinaire au cœur de la Haute-Savoie, une expérience unique. La recette ? Elle vous attend. Soyez prêt à vous lancer sur le fil du couteau, tout comme Quentin.

Pour 4 personnes

Temps de préparation : *1 h.*
Temps de cuisson : *45 mn.*

Crozets au sarrasin, safran de Maurienne et lard d'Arnad

Crozets

400 g de crozets au sarrasin (Alpina)
ou si vous les réalisez vous-même
300 g de farine de sarrasin
3 œufs
1 c. à soupe d'huile d'olive
Farine de blé
Sel fin

Mélanger la farine de sarrasin avec les œufs, l'huile d'olive et une pincée de sel jusqu'à former une boule.

Filmer et laisser reposer 1 heure à température ambiante.

Travailler la pâte et l'étaler au rouleau afin d'obtenir une épaisseur de 2 mm.

Découper en bandes de 0,5 cm, les détailler en carrés réguliers et saupoudrer de farine de blé.

Laisser sécher complètement.

Bouillon

1 oignon
2 g de safran de Maurienne
Eau
Gros sel
1 c. à soupe d'huile d'olive

Ciseler l'oignon, dans une casserole le faire suer à l'huile d'olive, ajouter le safran, l'eau, le sel et laisser cuire 15 minutes.

Passer au chinois et cuire à ébullition les crozets secs pendant 18 minutes.

Sauce safran

2 oignons nouveaux
1 botte d'aneth
4 g de safran de Maurienne
20 cl de vin blanc de Savoie
20 cl de lait
20 cl de crème
75 g de beurre

Faire suer les oignons émincés avec le beurre, ajouter l'aneth ciselé, déglacer avec le vin blanc et laisser réduire de moitié.

Ajouter le safran, le lait et la crème et laisser cuire environ 20 minutes à frémissement, laisser infuser et passer au chinois. (Garder la garniture aromatique et la hacher au couteau.)

ALPINA
SAVOIE
Crozets

Finition et dressage

Aneth sauvage
50 g de beurre
8 tranches de lard d'Arnad taillé très fin à la machine à jambon

Faire suer au beurre les crozets afin de leur donner une légère coloration, ajouter la garniture aromatique afin que cela lie les crozets.

Dresser au milieu d'une assiette creuse les crozets, déposer 2 tranches de lard d'Arnad sur le dessus, émulsionner la sauce safran bien chaude et la mettre tout autour bien généreusement.

Saupoudrer d'aneth sauvage et déguster.

La Savoie au carré

La cuisine invite souvent à des rêveries étymologiques, d'autant plus savoureuses qu'elles sont parfois incertaines… C'est le cas pour le *crozet,* dont le nom viendrait, peut-être, du mot « croé » signifiant en patois savoyard « petit », mais où l'on peut s'amuser à entendre aussi les échos d'un « carré », ou même d'une « croix »… de Savoie ? De fait, le crozet désigne bien un petit carré de pâte apparu dans la vallée de la Tarentaise au XVIIe siècle : préparé à l'origine à partir de farine de sarrasin avec simplement des œufs, du sel et de l'eau, sa petite taille facilite son transport dans le sac du montagnard, et sans doute a-t-il ainsi voyagé depuis l'Italie, où l'on trouve en effet trace d'un « crozeto » dès le XIVe siècle. Quoi qu'il en soit, son mode de fabrication n'a pas varié, sinon pour en mécaniser le processus : on étire la pâte, puis on la coupe en bandes que l'on découpe en carrés, et que l'on fait sécher à basse température pendant deux jours. On peut l'accommoder ensuite de multiples façons, par exemple avec du *safran,* ce qui est une manière plaisante d'associer la Tarentaise et la Maurienne, cette dernière s'affirmant comme un territoire privilégié pour le renouveau d'une épice en partie délaissée après la Première Guerre mondiale, mais dont la production fut autrefois très importante en France (au point de donner son nom à une date du calendrier révolutionnaire : le deuxième jour de Vendémiaire, qui correspond à notre 23 septembre et à l'apparition possible des premières fleurs de « crocus sativus », était ainsi appelé « Safran »). C'est un fait : on trouve bien de l'or rouge, comme on l'appelle volontiers, aujourd'hui en Savoie !

Julien Gatillon
Le chef haute couture qui revisite les crozets

La cuisine de montagne, un bastion réservé aux vieux sages des Alpes ?

Pas si vite ! Si Marc Veyrat et ses acolytes savoyards ont forgé leur légende à coups de recettes bien ficelées, un vent nouveau souffle sur les sommets. Julien Gatillon, brun ténébreux au regard perçant, timide mais affranchi, incarne cette nouvelle vague. Ce chef autodidacte et un brin rebelle s'est fait un nom et un prénom. Son secret ? Des cuissons et des sauces parfaites, et une audace en cuisine qui dérange autant qu'elle séduit.

Un parcours de palaces, et maintenant chez lui avec Sonia à Megève

Loin des sentiers battus, Julien Gatillon ne suit pas la carte postale du chef savoyard typique. Formé dans les plus grandes cuisines, il se distingue rapidement par sa créativité explosive et son refus des compromis. En devenant, à 27 ans, le plus jeune chef doublement étoilé de France, il montre à tous que l'âge n'a rien à voir avec le talent. Aujourd'hui, aux commandes de *Nous,* son propre restaurant, il continue de dynamiter les conventions avec une cuisine aussi élégante qu'impertinente.

Les crozets ? Même pas peur !

Quand René Meilleur lui confie un paquet de crozets, Julien Gatillon relève le défi avec une curiosité désarmante. *C'est une garniture difficile à mettre en avant visuellement*, reconnaît-il sans détour. Mais, fidèle à son style, il imagine une version twistée, accompagnée d'une fricassée au safran, qui donne « un coup de fouet » à ce plat rustique, plus que centenaire.

Et ces crozets ne viennent pas de nulle part : ce sont les crozets au sarrasin de la marque Alpina. Une entreprise qui incarne l'histoire de la Savoie, avec une tradition pastière qui remonte à 1844. Oui, vous avez bien lu : en France, on sait aussi faire des pâtes, et ce privilège n'est pas réservé aux Transalpins ! Alpina, c'est du solide, du local, une fierté pour la région, et Julien le sait bien. En choisissant ces crozets, il réaffirme son engagement pour les produits authentiques de nos montagnes, tout en leur insufflant une bonne dose de modernité.

Une recette affranchie

Julien opte pour les crozets au sarrasin, plus bruts et toastés, pour leur donner un coup de fouet. Il puise dans le patrimoine local avec le safran de Maurienne, mais à sa manière : intense et audacieuse. *On pourrait penser que les crozets, c'est un plat pour anciens, mais avec du safran et une pointe d'aneth sauvage, ça devient un plat qui déchire.*

Toujours en quête de l'accord parfait, le chef joue la carte transalpine avec un lard d'Arnad, utilisé en voile léger, comme un clin d'œil à l'Italie toute proche.

La sauce au safran bien chaude, parfumée à l'aneth, donne toute la gourmandise et l'onctuosité à cette assiette.

Être libre, mais rester ici à Megève

Julien Gatillon trace son propre chemin, affranchi des codes, avec une cuisine qui reflète son caractère : intense, sincère et sans détour.

Avec des recettes comme celle-ci, le chef montre qu'un produit rustique peut être le point de départ d'une aventure fantastique. Et au passage, il nous rappelle que les pâtes *made in* France n'ont rien à envier à celles de l'autre côté des Alpes, et toc !

Poisson de lac et rivière

Princes des eaux

Omble chevalier, truite arc-en-ciel, fera ou lavaret… connaissez-vous les secrets de ces poissons d'eau douce, qui ne manquent pas de caractère ?

s

re

cristallines

Cuisine de montagne

Lacs et féra, on monte en puissance

Quand la montagne s'invite à table, les poissons de lac prennent la vedette. Omble chevalier et féra, champions des eaux des lacs alpins, se marient à des sauces au beurre qui sentent bon les herbes sauvages comme l'oxalis. C'est le terrain de jeu préféré des chefs pour montrer ce qu'ils ont dans le ventre. Vous pensiez que la sauce n'était qu'un accompagnement ? Détrompez-vous, ici elle vole la vedette.

La cuisine au fil de l'eau

Truites, féras, ombles chevaliers, brochets, sandres, aspes ont tant à nous offrir… Mais, lorsque les poissons se font plus rares, il faut adapter les recettes. Et c'est justement ce qui fait un bon cuisinier : savoir s'adapter, et partir faire le marché pour nous.

Autrefois décriés, les poissons de lac retrouvent ici une certaine noblesse. Il y a trente ans – à peine – leurs cousins venus du grand large leur ôtaient tout prestige. « Quand on a du turbot ou de la sole livrés tous les jours, pourquoi faire différent ? », dixit un ténor de la cuisine multirécidiviste.

Mais nos chefs alpins sont repartis à l'essentiel. Beaucoup sont chasseurs-pêcheurs-cueilleurs, à l'instar d'Emmanuel Renaut. Redécouvrir le contact avec le produit, le taquiner dans les bois ou dans les rivières…

La féra arrive là devant vous, dans sa robe argentée, étincelante comme une starlette du disco des années soixante-dix. Un simple beurre blanc noisette, et le show commence !

Julie Ferreira

Pour 4 personnes

Temps de préparation : *1 h.*
Temps de cuisson : *12 min (fidés), 7 min (poisson).*

Autour des fidés et du rouget

Fidés savoyards

300 g de vermicelles fins
1 l de bouillon de volaille
20 g de beurre
1 oignon jaune
Thym, laurier
Sel, poivre, muscade

Faire chauffer le bouillon de volaille avec le thym et le laurier dans une grande casserole. Il doit être bien parfumé.

Éplucher et émincer finement l'oignon et le faire revenir dans une poêle avec le beurre jusqu'à légère coloration.

Ajouter les vermicelles à l'oignon et faire dorer à feu doux en remuant constamment.

Mouiller avec le bouillon : verser petit à petit le bouillon chaud, comme un risotto. Compter 10 à 12 minutes de cuisson.

Les vermicelles vont gonfler et absorber le liquide.

Rouget

2 rougets de 200 à 300 g
1 citron vert
2 cébettes
Huile d'olive
Sel, poivre

Écailler, lever les filets et les désarêter. Prendre du film plastique, couper les filets en deux (garder un peu de parures de rouget, 20 g, pour faire un petit tartare), puis les saler délicatement. Positionner les deux moitiés de filets chair contre chair et les rouler dans le film comme une ballottine. Garder les foies des rougets pour réaliser une mayonnaise.

Cuisson : 6 à 8 minutes, 50 °C four vapeur (à cœur 45 °C).

Tartare de rouget

Couper les parures des rougets en petits dés, ciseler le vert de cébette.

Pour l'assaisonnement, mettre un peu de sel, le zeste du citron vert avec une râpe Microplane®, un peu d'huile d'olive et de cébette.

Mayonnaise

Les foies des rougets
1 jaune d'œuf
25 cl d'huile
1 c. à soupe de moutarde
1 citron vert
Sel, poivre

Faire saisir les foies des rougets.

Mettre les foies, le jaune d'œuf et la moutarde dans un récipient assez haut. Mixer à l'aide d'un mixeur plongeur, puis ajouter, petit à petit, l'huile. La texture doit être ferme. Ajouter un peu de citron vert pressé. Mettre en poche.

Purée d'oignons

4 oignons jaunes
20 g de beurre
20 g de crème
Sel, poivre

Éplucher les oignons et les couper en deux. Les faire cuire au four, 30 minutes à 180 °C (couleur bien dorée). Retirer quelques pétales d'oignons pour le dressage.

Mixer la purée à l'aide d'un blender, avec un peu de crème et de beurre pour qu'elle soit onctueuse, rajouter du sel et du poivre.

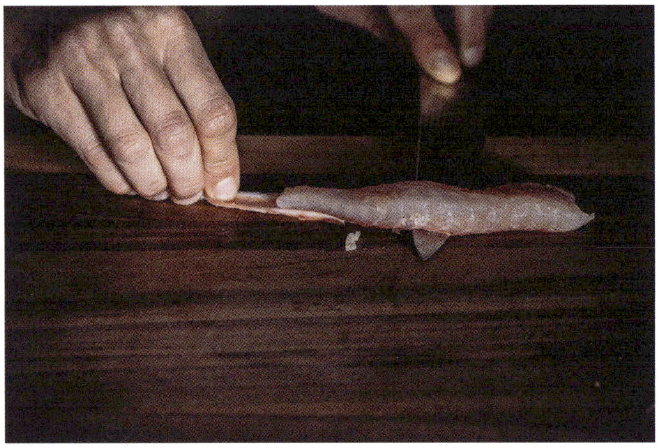

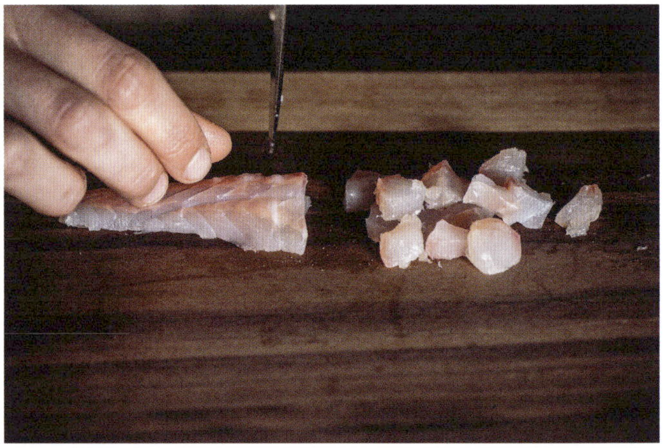

Chips de fidés

20 cl de bouillon de volaille
50 g de vermicelles

Faire bouillir le bouillon de volaille, mettre les vermicelles, cuire jusqu'à ce qu'il n'y ait plus d'eau. Les vermicelles doivent être surcuits. Les mixer, prendre un papier de cuisson et une plaque et étaler finement la pâte. Laisser sécher à l'air libre si possible dans un endroit chaud pendant une journée.

Faire chauffer de l'huile de tournesol dans une casserole à une température de 170 °C, mettre les chips (qui se forment toutes seules, la pâte s'émiette en petits morceaux). Elles doivent gonfler. Puis retirer, égoutter et saler.

Finition et dressage

Dans un petit bol, dresser les fidés accompagnés de vert de cébette ciselé sur le dessus.

Dans une assiette, déposer le filet de rouget dont on aura ôté le film et mettre un léger coup de chalumeau sur le dessus. Ajouter quelques points de purée d'oignons et les pétales dans l'assiette, des petits points de mayonnaise sur le rouget, zesté du citron vert. Sur le dessus du rouget, mettre la chips de vermicelle et le tartare.

Les fidés, ou le charme de la cocotte

Dans l'histoire générale de la cuisine, il arrive volontiers que le contenant donne son nom au contenu… c'est le cas aussi en montagne, par exemple en Savoie avec les *fidés* : ce joli mot – dont l'étymologie reste incertaine, mais où l'on ne peut s'empêcher d'entendre l'idée de « fidélité » à la tradition – désigne en effet, à l'origine, une cocotte en fonte que l'on utilisait sur les cuisinières à bois. Et dans ces « fidés », on faisait cuire, en ajoutant progressivement du bouillon… des fidés, à savoir des pâtes confectionnées avec de la farine de blé et de l'eau, qui s'apparentent à des vermicelles grand format et continuent, avec plaisir, à s'inviter sur les tables d'aujourd'hui.

Julie Ferreira
La princesse de Moûtiers

Ferrari, Ferreira même combat

À Moûtiers, elle cuisine comme on pilote une voiture : avec nerf, précision et envie de doubler tout le monde.

Un chalumeau à la main, elle a le regard qui pique, le nom qui claque – *Ferreira, ça sonne comme une Ferrari non ?* – et les idées bien arrêtées.

Il fallait oser. À 25 ans, Julie reprend un resto en liquidation à Moûtiers pour y installer *La Table de Julie,* son tout premier établissement. Un pari culotté - qui lui a coûté 25 000 euros, le prix d'une voiture d'occasion, mais déjà gagnant ! Jamais un jour sans couverts, jamais un jour sans idées.

Redonner vie aux plats de son arrière-grand-mère

Fière de ses racines, elle redonne vie aux souvenirs de son arrière-grand-mère : les fidés savoyards, ces vermicelles oubliés, dorés au beurre, mouillés comme un risotto dans un bouillon de volaille caramélisé. Elle les modernise avec un zeste de culot : chips croustillantes, purée d'oignons bronzés au four, tartare de rouget au citron vert, mayonnaise montée au foie.

Un coup de chalumeau, sans mettre le feu

Le rouget ? *C'est comme les Savoyards : costaud, tendre à la fois.* Elle le cuit en ballotine vapeur, le flashe au chalumeau, et le sert flanqué de fidés et de pétales d'oignons. Une assiette qui claque et qui parle : comme elle, 100 % vrai.

Pas de chichi ici. Juste du bon. Polenta twistée, gratins réconfortants, truite de montagne et champignons en majesté. Tout est pensé pour donner du plaisir sans trahir la simplicité.

La table de Julie est ici à Moûtiers et nulle part ailleurs

Même le mobilier a du cœur : dessiné et fabriqué par François, son copain menuisier. En échange ? Des plats gratuits. *Il le mérite, quand même*, ajoute-t-elle avec un sourire complice. Ici, Julie ne veut plus faire les saisons. Elle veut construire, à l'année, à Moûtiers. *La cuisine, ce n'est pas pour frimer. C'est pour faire plaisir.* Voilà, tout est dit.

Pour 4 personnes

Temps de préparation : *1 h 30.*
Temps de cuisson : *10 min.*

Truite à la nage

Truites

2 truites 500/600 g
1 pot d'œufs de truite de 60 g
Huile neutre (pépins de raisin...)

Lever les filets des truites, conserver les arêtes et les têtes (en enlevant les ouïes et les yeux).

Faire dégorger les arêtes dans de l'eau claire et les égoutter.

Vous pouvez demander à votre poissonnier de réaliser ces opérations.

Fumet de poisson

Arêtes et têtes de truite
10 cl de vin blanc (chasselas)
75 g de poireau
75 g de céleri branche
75 g d'oignon
Ail, thym, laurier

Faire revenir sans coloration les arêtes avec un peu d'huile dans une grande casserole. Ajouter la garniture aromatique émincée (poireau, céleri branche, oignon, ail, queues de persil, thym et laurier). Déglacer avec le vin blanc et mouiller à hauteur avec de l'eau.

Cuire 30 minutes à petit frémissement et filtrer le fumet de poisson.

Nage

400 g de carottes
400 g d'oignons
250 g de poireaux
200 g de céleri branche
40 cl de vin blanc (chasselas)
40 cl de fumet de poisson
Gousses d'ail
Queues de persil, thym

La veille
Couper les oignons, les carottes et les poireaux en deux. Dans une poêle avec un peu d'huile, faire brûler les légumes. Centrifuger les carottes, oignons et poireaux brûlés ainsi que le céleri branche. (Si vous n'avez pas de centrifugeuse, vous pouvez mixer ces différents éléments avec 50 g d'eau et filtrer). Ajouter le chasselas et le fumet de poisson.

Verser ce mélange froid sur les truites et conserver au frais une nuit.

Le jour même
Égoutter les truites, porter la nage à frémissement et la verser sur les truites. Enfourner dans un four à 80 °C durant 6 à 8 minutes. Pour vérifier la cuisson, la peau doit s'enlever facilement.

Sauce

100 g d'échalotes
400 g de nage
125 g de vinaigre de vin blanc
Ail, thym, laurier
50 g de crème liquide
200 g de beurre

Dans une casserole, réunir la nage, le vinaigre de vin blanc, l'ail, le thym, le laurier et les échalotes ciselées.

Réduire à sec, ajouter la crème liquide et porter à ébullition.

Terminer en montant progressivement avec le beurre coupé en cubes. Rectifier l'assaisonnement et réserver au chaud.

Choux

125 g de brocoletti
125 g de cime di rappa
125 g de choux frisés
30 g de beurre
Sel, poivre

Réunir les différents choux dans un sautoir avec un peu de beurre, 1 louche d'eau, du sel et du poivre et cuire à couvert jusqu'à ce que les légumes soient cuits et qu'il n'y ait plus de liquide.

Finition et dressage

Dresser harmonieusement les différents éléments, terminer avec les œufs de truite et quelques herbes éventuellement.

La reine des lacs

Il est impossible d'évoquer la cuisine de montagne sans parler de ses lacs, qui font l'agrément du paysage, mais aussi le bonheur des assiettes. Qu'ils soient ou non d'altitude, naturels ou artificiels – issus des aménagements hydroélectriques du XXe siècle – les lacs offrent ainsi aux pêcheurs des pays de Savoie une grande variété de poissons, parmi lesquels la *truite* est sans doute le plus fameux. On peut en donner un exemple historique, et assez singulier, avec le petit lac naturel du Mont-Cenis, sur son plateau à 2 000 mètres d'altitude, qui fit jusqu'à la fin des années soixante la réputation gastronomique, un peu *happy few,* du lieu : personnalités éminentes et grands chefs, comme Paul Bocuse ou Pierre Troisgros, venaient y déguster une truite d'une renommée sans égale. Aujourd'hui, le petit lac est devenu un vaste plan d'eau, mais cet immense lac de barrage continue d'attirer chaque été les amateurs de truites *fario* ou arc-en-ciel, qu'on y trouve toujours en nombre grâce à un travail d'alevinage attentif.

Benjamin Breton
Étoile filante, bouillons brûlants

À *L'Auberge de Lucinges,* une étoile a filé vers les sommets, attirée par un chef au parcours aussi ardent que ses bouillons.

Repéré par Gault&Millau en Suisse, Benjamin Breton incarne l'union brute de l'alpin et du marin. Fils des embruns corses et des vagues bretonnes, il orchestre une cuisine en perpétuel mouvement, rebelle et précise, telle une étoile filante qui fait vibrer le ciel des Alpes. Il revisite avec panache la truite à la nage, une recette qui fleure bon les pages jaunies des vieux livres de cuisine. Inspirée de Jacques Montandon et de son ouvrage culte, *La Cuisine au fil du Rhône*, cette réinterprétation contemporaine mêle mémoire des terroirs et audace méditerranéenne.

La truite alpine au bain méditerranéen

Dans cette version revisitée, exit le four rugissant à 250 °C et le moulin à légumes laborieux. La truite, filée des lacs alpins, nage ici dans un bouillon raffiné, où chaque ingrédient raconte une histoire. Le chasselas, cépage emblématique des coteaux suisses, conserve son rôle de pivot mais gagne une nouvelle dimension. Il dialogue désormais avec des herbes corses et une touche de châtaigne fumée, clin d'œil discret aux forêts qui bordent les sommets.

Cette version modernisée commence par un fumet de poisson, soigneusement élaboré à partir des arêtes et têtes des truites. Dans ce geste, une philosophie : rien ne se perd, tout se sublime. Les légumes sont brûlés pour intensifier les arômes avant d'être transformés en une nage aromatique qui infusera le poisson. La marinade, étape cruciale, insuffle au plat une profondeur inattendue, tandis que la cuisson lente au four, à 80 °C, préserve l'onctuosité et la délicatesse de la chair.

Dans chaque assiette, un clin d'œil aux souvenirs corses et bretons, mais aussi un hommage à l'ici et maintenant. Ses bouillons fumants rappellent la robustesse des montagnes, tandis que ses sauces font écho aux marées bretonnes.

D'une cuisine ancestrale à une bistronomie contemporaine

Un poisson, des légumes, du chasselas. Si la recette originale de Jacques Montandon proposait une vision ancrée dans la rusticité de son époque, le chef étoilé y apporte une finesse contemporaine, équilibrant avec précision l'intensité des saveurs et la légèreté des textures. Benjamin Breton imagine un bouillon clair mais puissamment aromatique, où les saveurs marines se marient à des notes boisées. La châtaigne fumée évoque les feux de cheminée d'hiver, tandis que les œufs de truite, déposés en fin de dressage, ajoutent une pointe de fraîcheur iodée.

La sauce de Jacques Montandon, riche et beurrée, est ici allégée et sublimée. Benjamin Breton conserve l'idée d'une réduction à sec, mais il l'ancre dans une démarche plus contemporaine.
Les échalotes et le vinaigre de vin blanc apportent une acidité maîtrisée, qui équilibre la douceur de la crème et la richesse du beurre. À chaque cuillère, c'est une révélation : le souvenir d'un plat rustique se réinvente dans une palette aromatique complexe.

Cette truite à la nage revisite non seulement une recette, mais tout un pan de l'histoire culinaire alpine. Jacques Montandon écrivait dans un contexte où la cuisine était une affaire de nécessité, où chaque ingrédient avait un rôle. Benjamin Breton, lui, s'inscrit dans une époque où la cuisine est une expérience sensorielle. Chaque étape de sa recette vise à exalter les saveurs tout en rendant hommage au terroir.

Pour 4 personnes

Temps de préparation : *1 h.*
Temps de cuisson : *20 min.*

Omble chevalier mi-cuit, sauce safran suisse

Omble chevalier mi-cuit

500 g de filets d'omble chevalier sans peau et sans arêtes
4 g de sel fin

Tailler les filets d'omble chevalier en morceaux réguliers. Saler, emballer dans un papier film afin de leur donner la forme d'un rectangle en respectant la forme du poisson. Cuire à 42 °C dans un four vapeur pendant 20 minutes et réserver au réfrigérateur.

Sauce safran suisse

20 cl de crème liquide à 35 % MG
20 cl de vin blanc sec
Huile de colza
Sel fin
Safran suisse ou autre (en poudre ou en pistils)

Faire revenir quelques secondes le safran dans l'huile. Déglacer au vin blanc et laisser réduire. Ajouter la crème liquide et laisser cuire 30 minutes puis réserver.

Coussinets carrés de féra fumée à chaud

150 g de féra fumée à chaud
300 g de sauce safran
1 citron vert
Sel fin

(Technique spéciale de cuisson des poissons en Scandinavie)
Saler avec 7 g de sel au kg de filet de féra et fumer dans un fumoir pendant 4 à 5 minutes entre 90 °C et 105 °C (ou acheter directement la féra fumée à chaud). Effilocher la féra fumée et la mélanger avec 50 g de sauce safran. Rajouter un zeste et un jus de citron vert et rectifier l'assaisonnement. Mouler le mélange dans des moules carrés et les congeler.

Glaçage safran

Gelée végétale Sosa
Sauce safran

Faire cuire la sauce safran. Rajouter le gélifiant végétal Sosa et cuire 1 minute. Utiliser ce glaçage pour enrober les coussinets carrés de féra fumée congelée à l'aide de cure-dents : piquer le dôme et les tremper dedans. Laisser reposer 3 heures au réfrigérateur.

Crémeux épinard

250 g d'épinards
25 cl de crème liquide à 35 % MG
4 g d'agar-agar
Sel et poivre blanc

Blanchir les feuilles d'épinards. Mixer les feuilles cuites avec la crème, puis cuire 2 minutes ce mélange avec l'agar-agar. Assaisonner. Couler le mélange sur une épaisseur de 3 mm dans un plateau. Réserver le crémeux au réfrigérateur jusqu'à ce qu'il fige. Tailler le crémeux figé en carrés de 2 cm de côté.

Gel vinaigre safran

250 ml de vinaigre de vin blanc

12,5 g d'ultratex 3 (épaississant Sosa) ou de l'agar-agar

5 g de safran en poudre

Sel

Mélanger le vinaigre, le sel et le safran en poudre. Mixer le mélange avec l'ultratex 3, un gélifiant.

Finition et dressage

Pousses d'épinards

Fleurs de tagette

Déballer le morceau d'omble chevalier (servir tiède) et le déposer dans l'assiette.

Disposer trois coussinets carrés de féra fumée à chaud et le crémeux épinard sur l'assiette. Ajouter quelques points de vinaigre de safran. Ajouter les pousses d'épinards crues et les pétales de fleur de tagette. Émulsionner la sauce safran et déposer un dôme d'écume sur le côté du poisson.

Des poissons de montagne

Peut-être l'affirmation pourra-t-elle sembler contre-intuitive, mais la cuisine de montagne est bien aussi une cuisine de poissons. Elle bénéficie en effet de la population généreuse des lacs, comme le Léman, les lacs du Bourget, d'Annecy ou d'Aiguebelette... L'origine de cette présence poissonneuse est essentiellement humaine, et c'est au XVIIIe siècle qu'on connaît en France les premiers alevinages, qui se développeront par l'entremise des bergers jusqu'au début du XXe siècle, avant d'être organisés à partir des années 1930 par l'administration des Eaux et Forêts. Parmi les poissons devenus de la sorte les familiers des fonds lacustres, l'*omble chevalier* est en bonne place, dont le nom savant, *salevelinus alpinus,* dit bien son identité de montagne ! Il voisine volontiers avec la perche et la *féra,* emblème argenté des eaux du Léman, dont la chair savoureuse est particulièrement réputée.

Philippe Deslarzes
Le Viking des Alpes suisses

La simplicité, chez Philippe, c'est l'héritage de sa mère suédoise.

En Suède, on cherche le goût pur. On n'est pas là pour impressionner, mais pour nourrir. Dans sa cuisine, cette influence scandinave se traduit par une approche épurée : des ingrédients bruts, peu travaillés, mais toujours d'une fraîcheur irréprochable.

Son père, valaisan, lui a transmis cet amour pour le terroir helvétique, où chaque ingrédient possède une âme. *En Suisse, on est plus près de la terre, de ce qui nous nourrit. Je veux que mes clients ressentent ça dans chaque plat.*

L'art du fumage : quand la Scandinavie s'invite en cuisine

Le fumage est partout dans la cuisine scandinave, mais Philippe y ajoute une touche personnelle. Là où beaucoup de chefs suisses et français optent pour le fumage à froid, il choisit le fumage à chaud, une technique typiquement nordique. *À froid, le poisson reste pratiquement cru. Mais à chaud, à 90-100 degrés, le fumage cuit le poisson tout en lui donnant une texture unique*, explique-t-il. La technique scandinave s'intègre ici naturellement aux produits alpins, rappelant les saveurs subtiles des forêts et des lacs nordiques.

Le goût du safran : de Noël en Suède aux montagnes suisses

Le safran, présent dans la recette originale de Jean-Pierre Jacob, est une touche qui lie les deux mondes du chef. *En Suède, le safran est un incontournable des fêtes de fin d'année. Nos pains de Noël au safran, les cuchaules, sont une tradition en Suisse.* Bien que le safran ne soit pas typiquement alpin, Philippe y voit une manière de lier ses deux cultures. Chaque bouchée de son omble chevalier est une rencontre entre la Suisse et la Scandinavie, entre une épice chaleureuse et un poisson des lacs glacés.

Une cuisine de souvenirs et d'enfance

Quand il parle de ses inspirations, Philippe revient souvent sur ses étés passés en Suède, sur les moments partagés en famille autour de plats simples et généreux. Ces souvenirs se glissent dans ses plats, comme une invitation à explorer ces terres nordiques, tout en gardant un pied dans les montagnes suisses.

Un chef moitié-moitié comme la fondue !

La cuisine de Philippe Deslarzes est un voyage entre deux mondes. Plus qu'une fusion, c'est une addition délicate entre la pureté scandinave et la tradition suisse. *Je suis moitié-moitié, un peu comme la fondue*, plaisante-t-il. Cette dualité est son atout, sa signature. Sa cuisine, à la fois épurée et chaleureuse, est l'expression de cette identité hybride. Chaque plat est une conversation entre les saveurs nordiques et les produits alpins, une danse entre le brut et le raffiné.

Viande & sauc

Quand ça fume a

Le feu crépite dans la cheminée, l'atmosphère se fait douce, les viandes mijotent tranquillement, prêtes à être dégustées devant des paysages superbes. Les diots, gigots d'agneau et autres viandes cuites en croûte seront les complices de vos plus beaux moments ici, en montagne.

Cuisine à la cheminée

L'âme des alpages

Dans les chalets et fermes d'autrefois, la cheminée n'était pas seulement un moyen de chauffage, c'était le cœur de la maison. Tout se passait autour du feu : les viandes fumaient lentement, les saucisses grillaient doucement, et les plats mijotaient des heures durant. La cuisine à l'âtre, c'est un retour aux sources, une communion avec la nature brute.

Ces plats, qu'ils soient préparés dans les chalets d'alpage ou revisités par les chefs d'aujourd'hui, portent en eux la mémoire des montagnes, ce goût fumé, intense, qui réchauffe autant qu'il rassasie. Un tour de piste savoureux, du Val d'Aoste à l'Autriche, en passant par les Savoie, l'Isère et le Piémont italien. Accrochez vos fourchettes, ça va chauffer !

s

isses

u coin du feu

Les saucisses qui sifflaient sur nos grilles

En Savoie, les pormoniers et les diots sont des saucisses qui savent réchauffer les cœurs et les estomacs. On les grillait à la cheminée, leur gras fondant et fumant doucement. Les saucisses au chou sont cuisinées lentement au coin du feu, leur parfum se mêlant à celui de bois brûlé. Les diots, quant à eux, cuisent lentement sur les sarments de vigne, sur des braseros improvisés dans les vignes. Ces saucisses-là, c'est du costaud, du rustique, du vrai, tout droit sorti des alpages.

Boulettes de montagne
La balle est dans l'assiette

Du Val d'Aoste au Piémont italien, la boulette de viande se la joue star des cimes. À base de bœuf, de porc ou de gibier, elles sont souvent mijotées dans une sauce tomate maison ou braisées avec du vin local, mijotant longuement à l'âtre, comme autrefois dans les fermes isolées. Les Italiens les appellent « polpette », les Suisses les accompagnent de rösti, et les Autrichiens les servent avec du chou et des pommes de terre. Peu importe le nom, tant que ça fond en bouche et que ça roule après une journée en plein air.

Gibier
L'atout sauvage des Alpes

Le gibier, c'est la viande noble des montagnes. En Isère comme en Suisse, le chevreuil se mijote avec amour, nappé d'une sauce épaisse au vin rouge et baies de genièvre, à la cheminée. Le sanglier, quant à lui, se fait rôtir lentement au coin du feu, mariné avec des herbes sauvages et du miel. Dans les refuges autrichiens, c'est le cerf qui vole la vedette, braisé avec du vin et servi avec des champignons des bois. Ces plats réchauffaient les montagnards après une longue journée dans les alpages, rappelant les repas conviviaux autour du feu, l'automne n'est pas loin.

Pour 4 personnes

Temps de préparation : *45 min.*
Temps de cuisson : *20 min.*

Bœuf à la ficelle et polenta cuite au four

Polenta cuite au four

85 g de polenta Alpina
190 ml de bouillon de légumes (2 l d'eau, 1 poireau, 3 carottes, 2 oignons, 6 échalotes, 1 gousse d'ail, 1 céleri branche, bouquet garni)
7 oignons grelots
15 g de baies roses
1 botte de ciboulette
60 g de lard coupé finement
1 bouteille de vinaigre blanc
200 g de beurre
¼ botte de persil
¼ botte de thym
1 feuille de laurier

Réaliser un bouillon de légumes : après avoir lavé les légumes, éplucher les carottes et les tailler grossièrement, tailler le poireau comme les carottes, couper les oignons en deux et en réserver un. Colorer la face coupée à la poêle avec un peu d'huile de pépins de raisin, tailler la gousse d'ail en deux dans la hauteur, réaliser le bouquet garni avec les verts de poireau, le persil, le laurier et le thym, et tailler le céleri branche grossièrement en gardant une branche de côté. Verser 2 litres d'eau dans un rondeau haut et ajouter tous les légumes. Porter à ébullition et baisser à frémissement, cuire pendant 1 heure.

Réaliser les pickles d'oignons grelots : éplucher et tailler les oignons en deux, couper des quartiers fins et les réserver dans un bocal. Porter à ébullition 100 ml de vinaigre de vin blanc, verser sur les oignons et fermer le bocal hermétiquement. Réserver au frais.

Éplucher et tailler finement les échalotes, faire fondre 150 g de beurre dans une casserole, ajouter les échalotes et cuire à feu vif sans arrêter de remuer jusqu'à ce que les échalotes prennent une couleur blonde. Débarrasser alors dans la passoire en égouttant bien le beurre, puis assaisonner de sel et réserver sur une plaque avec du papier absorbant.

Tailler finement la ciboulette.

Cuire la polenta. Préchauffer le four à 190 °C. Verser 85 g de polenta dans une casserole de 15 cm de diamètre et recouvrir de bouillon de légumes (190 ml), puis couvrir la casserole et enfourner 18 minutes Faire cuire le lard taillé finement à la poêle jusqu'à coloration et réserver.

Bœuf à la ficelle

700 g de filet de bœuf
70 g de truffe fraîche
1,75 l de bouillon de légumes
150 g de lard fumé
150 g d'os à moelle

Préparer le bouillon pour pocher la viande : récupérer le reste du bouillon de légumes et y ajouter le lard fumé taillé grossièrement, faire colorer à la poêle les os à moelle et les ajouter dans le bouillon puis laisser cuire à frémissement 40 minutes. Tailler en fine brunoise la carotte et la pocher dans le bouillon pendant 5 minutes. Tailler le céleri branche en fins copeaux, éplucher et tailler en quartiers les oignons grelots et les faire suer à la poêle avec une petite coloration. Déglacer avec un peu de bouillon et réserver de côté. Préparer et parer le filet de bœuf, tailler des bâtonnets de truffe de 0,5 cm et contiser (piquer) le filet avec les bâtonnets de truffe. Ficeler le filet avec de la ficelle à rôtir, l'assaisonner de sel et poivre et le lustrer avec de l'huile de pépins de raisin puis le griller sur le gril. Passer le bouillon au chinois et le garder à frémissement (90 °C). Attacher le filet de bœuf sur un pic en bois de façon à ce qu'il ne touche pas le fond de la casserole de bouillon et le laisser cuire environ 10 minutes. Une fois la température au cœur de la viande à 30 °C, sortir le filet de bœuf et le laisser reposer 10 minutes. La température à cœur va progressivement monter jusqu'à 38 °C. Il est alors prêt à être servi.

Finition et dressage

Chauffer la polenta 4 minutes dans un four à 160 °C. Une fois sortie du four, disposer dessus les pickles d'oignon, l'échalote frite, la ciboulette ciselée, le lard sauté et les baies roses. Tailler le filet de bœuf en grosses tranches de 5 cm d'épaisseur et les disposer dans une assiette creuse. Assaisonner de fleur de sel, ajouter autour de la viande la brunoise de carottes, les oignons grelots colorés et les copeaux de céleri branche.
Pour finir, verser un peu de bouillon au fond de l'assiette.

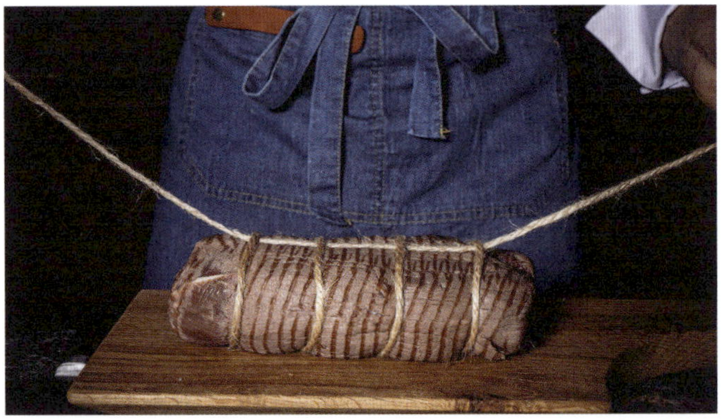

On fait un bœuf ?

En 1737, un intendant turinois est dépêché à Chambéry pour trouver, entre autres, des bœufs gras à servir pour une visite de la cour. Mais il constate : « on ne saurait cependant avoir les bœufs en ce pays aussi gros, et aussi gras, qu'on les a en Piémont, parce que la saison avancée de l'hiver oblige les propriétaires des vaches à ne les nourrir qu'avec du mauvais foin ». On voit par là que la consommation du bœuf en pays de Savoie correspond aussi à une longue histoire sociale, comme souvent dans la cuisine en général : cette consommation est de plus en plus prisée à partir du XVIIIe siècle et devient prédominante dans la cuisine bourgeoise à la fin du XIXe siècle. François Descotes, qui œuvra dans divers hôtels de Chamonix, proposait ainsi pas moins de 27 recettes pour le bœuf dans son livre publié en 1897 à Sallanches, *Les secrets d'un fin bec !* Aujourd'hui, le « hamburger » est devenu banal, même en montagne, avec ses variations aux fromages locaux, mais surtout le bœuf peut facilement s'assortir à des traditions revisitées… comme celle, délicieuse, de la polenta.

Oscar Meilleur
Quand le meilleur se met à table !

Un plat qui tient à un fil

C'est à *La Bouitte,* maison familiale de la vallée des Belleville, que tout commence ici à 1 500 m d'altitude. Pour ce livre, René Meilleur, le grand-père, a lancé à Oscar un défi : cuire un filet de bœuf à la ficelle. À l'ancienne. Sans frime. Le jeune chef s'exécute. Il prépare un bouillon riche et net : légumes racines, lard fumé, os à moelle. Il pare la viande, y glisse de fins bâtonnets de truffe, la saisit, puis l'attache avec de la ficelle. Pour vérifier la cuisson au degré près, il entortille cette ficelle autour d'une cuillère en bois, posée sur la casserole. Il plonge la viande dans le bouillon et vérifie la température à l'aide d'une sonde : à 30 °C à cœur, il retire la pièce. Elle repose, monte à 38 °C, et atteint son point d'équilibre.

Polenta au four, mémoire vive

À côté, une polenta cuite lentement au four, puis garnie à la pince : pickles d'oignons grelots, échalotes blondes frites, ciboulette ciselée, lard croustillant, baies roses. La brunoise de carotte, les oignons glacés, les copeaux de céleri viennent compléter. Rien de décoratif. Tout a du sens. Dans l'assiette creuse, la viande tranchée s'ancre. Le reste l'accompagne. Précis. Franc. Sincère.

Respect des grandes recettes de la maison

Aux côtés de René et de Maxime, Oscar et Calixte apprennent un à un les gestes et les coutumes de *La Bouitte.* Les clients sont pour la plupart des amis, et viennent ici pour redécouvrir l'âme de la cuisine de montagne. Ici pas d'esbroufe. Le décor oblige… des poutres et des meubles plusieurs fois centenaires, qui veillent sur cette nouvelle génération.

Oscar le meilleur ? (sans doute)

Cette recette est signée Oscar Meilleur. Jeune virtuose de la cuisine, sensibilité à fleur de peau, il a hérité des yeux de sa grand-mère Marie-Louise. Grand, à l'allure un peu dégingandée, on sent chez lui, le respect pour ses parents Maxime et Delphine, et l'affection qu'il porte à René et Marie-Louise. Mais ne croyez pas qu'il ne soit qu'un doux rêveur. Son père lui a transmis le sens de la compétition. Oscar enchaîne les maisons d'exception : Emmanuel Renaut, Arnaud Donckele. Sera-t-il le meilleur d'entre tous ? Sans doute. Même s'il déteste qu'on le lui dise.

Enzo Duchesne

Pour 4 personnes

Temps de préparation : *1 h 30.*
Temps de cuisson : *45 min.*

Escalope de poulet à la savoyarde, noix de jambon et beaufort

Farce de poulet

5 filets de poulet
10 cl de crème fraîche liquide entière
80 g de beaufort
100 g de noix de jambon fumé
1 botte de ciboulette

Mixer 100 g de filet de poulet avec la crème afin de réaliser une farce fine. Mélanger dans un cul-de-poule avec la noix de jambon fumé et une partie du beaufort taillé en brunoise, assaisonner et ajouter de la ciboulette ciselée.

Pickles de champignons

500 g de champignons (bruns, shiitakés, pleurotes...)
1 l de vin blanc
50 cl de vinaigre de cidre
Thym, laurier
Poivre en grains

Tailler les champignons en quartiers, faire bouillir le vin blanc et le vinaigre de cidre, ajouter du thym, du laurier, des grains de poivre. Mettre les champignons dans un grand bocal, verser dessus le liquide bouillant. Laisser reposer au moins 24 heures.

Purée de carottes

1 kg de carottes
Huile de pépins de raisin

Laver et émincer les carottes, les cuire à l'anglaise puis les mixer en les montant à l'huile de pépins de raisin.

Émulsion beaufort

1 l de vin blanc
30 cl de crème fraîche liquide entière
2 oignons
100 g de beaufort
Poivre

Faire réduire le vin blanc avec les oignons ciselés et du poivre, ajouter la crème liquide et continuer de faire réduire. Terminer par l'ajout du beaufort taillé en morceaux. Émulsionner à l'aide d'un mixeur plongeant.

Oignons

500 g d'oignons
50 g de fécule de maïs

Tailler un oignon en rondelles. Les paner dans la fécule de maïs, puis les passer à la friteuse pour les cuire avec une légère coloration. Débarrasser en n'oubliant pas d'assaisonner.

Filets farcis

Ouvrir les filets de poulet restants en portefeuille, assaisonner puis incorporer la farce à l'intérieur, refermer avec l'aiguillette du filet. Bien filmer individuellement les filets puis les mettre sous vide pour cuisson a 65 °C pendant 1 heure au thermoplongeur (possibilité également de les cuire à la vapeur).

Finition et dressage

100 g de beurre
Huile

Faire colorer les filets de poulet dans une poêle avec de l'huile et du beurre, les passer rapidement au four à 180 °C, les ouvrir en deux dans le sens de la longueur pour le dressage. Accompagner les filets de pickles, de purée de carottes, d'émulsion au beaufort et d'oignons frits.

Noble poulet

LE POULET EST-IL un plat de montagne ? C'est en tout cas, dans les usages sociaux de la cuisine, un mets qui resta longtemps associé à la noblesse, selon une hiérarchie héritée du Moyen Âge et de la Renaissance, qui voulait que les volailles, appartenant à la sphère aérienne, fussent de plus grande valeur que les oiseaux aquatiques ou les quadrupèdes terrestres. Ainsi les commandes de volailles – que l'on faisait de préférence rôtir – furent-elles par exemple importantes à l'occasion d'une visite royale à Chambéry, en 1737... Bien sûr, le poulet s'est aujourd'hui très largement démocratisé et son élevage parfois tristement industrialisé, mais nul doute qu'il garde au palais quelque chose d'aristocratique, quand il est élevé au plein air des montagnes et que c'est un chef inspiré qui se propose de le cuisiner !

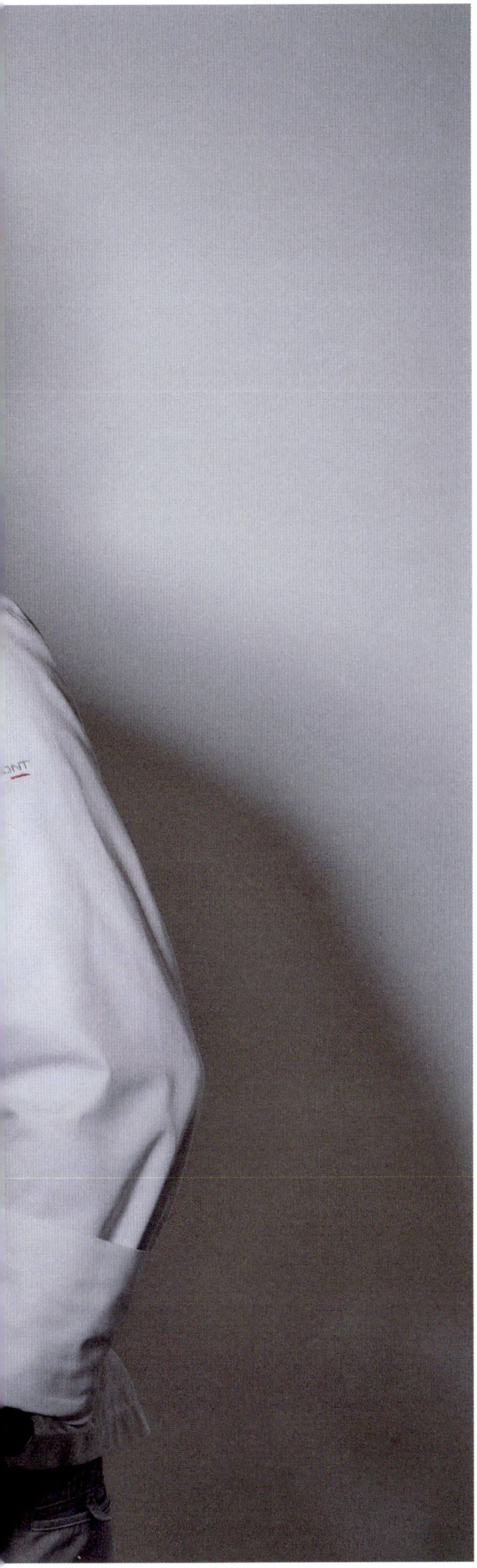

Enzo Duchesne
Il ne twiste pas, il cuisine !

Un plat simple, une construction millimétrée

C'est un plat qu'on pense connaître : une escalope à la crème, quelques champignons, une couche de fromage fondu. Une promesse de réconfort. Mais Enzo, le chef du restaurant *Bourgeon* à Alby-sur-Chéran, préfère parler de « structure ». Ici, le filet de volaille s'ouvre comme un carnet de randonnée. Il est garni à cœur d'une farce maison : blanc de poulet mixé, crème, beaufort affiné, noix de jambon fumé, ciboulette fraîche. Chaque geste est net, pensé, pesé. *Il faut garder le gras, le vrai goût, mais lui offrir un équilibre.* Rien de forcé, juste du bon sens et de la cohérence.

Des pickles pour couper la crème

Les champignons ? Présents, mais libres. Enzo choisit de ne pas les fondre dans la farce. Il les travaille en pickles : vinaigre de cidre, vin blanc, thym, laurier. Pas de sucre. *Je voulais garder l'esprit savoyard, mais alléger le tout sans tricher. Trouver l'acidité qui réveille.* La purée de carottes à l'huile de pépins de raisin apporte douceur et couleur. L'émulsion au beaufort joue sur la longueur. Les oignons frits ramènent du croustillant. Une bouchée, six textures. Et tout se tient. Comme une promenade en montagne, entre ombre et lumière… les contrastes sont dans l'assiette.

La cuisine des mots choisis

Enzo ne « twiste » rien, d'ailleurs il déteste cette expression, trop « Top chef » sans doute. Il cuisine comme il parle : avec attention. Grand brun, barbe dessinée, regard clair à la Capitaine Flam. *Les mots comme les recettes ont un poids. On ne remplace pas l'un par un autre.* Pas d'effet. Pas de maquillage. Du produit, du feu, du silence. Et une obsession : faire simple et bon.

Un duo qui pousse droit

À ses côtés, Aurélien Lavorel, en salle et aux vins, donne le tempo, crée le lien, écoute. Leur restaurant, *Bourgeon*, porte bien son nom. Ici, tout part du terroir, et tout tend vers l'éclosion. *Le bourgeon, c'est ce qu'on ne force pas. C'est une promesse. Peut-être un bourgeon de sapin, ou juste une idée en train de naître.* Une cuisine de montagne enracinée, jeune, droite. Et surtout, vivante.

Anthony Bisquerra

POUR 8 PERSONNES

Temps de préparation : *30 min.*
Temps de cuisson : *3 h 30 à 140 °C.*

Gigot d'agneau cuit au foin

Gigot d'agneau

1 gigot d'agneau désossé de 1,8 kg	**3 échalotes**	**½ tête d'ail**
1 grosse poignée d'ail des ours	**3 carottes**	**100 g de beurre**
Sel, poivre, huile de tournesol	**1 belle branche de thym**	**50 g de foin**
1 oignon	**1 branche de romarin**	**20 cl de jus d'agneau**

Farcir le gigot d'agneau avec de l'ail des ours, garder une dizaine de feuilles, le ficeler, le saler, poivrer, huiler, puis le colorer dans une cocotte en fonte. Retirer de la cocotte une fois bien coloré et le déposer dans une assiette pour le laisser reposer.

Faire revenir la garniture (oignon, échalotes, carottes, ail) avec les aromates (thym, romarin), ajouter le beurre et le foin, faire revenir jusqu'à une coloration brune.

Déposer le gigot dans la cocotte, l'enrober de foin et de la garniture aromatique et mettre la cocotte au four à 100 °C pendant toute une nuit (environ 8 heures) à couvert.

Faire chauffer le jus d'agneau et lier au beurre de cuisson (4 cuillères à soupe de beurre de foin) et ajouter l'ail des ours ciselé restant.

Trancher le gigot et servir avec la sauce.

Note : vous pouvez récupérer le beurre de cuisson au foin pour faire cuire des légumes en accompagnement (pommes de terre, céleri-rave, courge…).

Le tendre ami des alpages

Le gigot d'agneau est une véritable institution française, et l'occasion d'évoquer un aspect fondamental de la vie en montagne : l'élevage ovin, qui anime les alpages des vallées des Hautes-Alpes, par exemple, où des producteurs locaux fournissent volontiers les artisans bouchers de tradition, toujours nombreux de nos jours. Les animaux donnaient autrefois surtout de la laine, mais c'est désormais pour leur viande qu'ils sont réputés, engraissés en alpage, symboles prisés du « bon air » des montagnes, intégrés à des circuits courts de production qui valorisent une certaine qualité du « local », éthique à rebours des exigences quantitatives de l'élevage industriel. Un bon gigot, c'est donc aussi tout un art de vivre… en montagne.

Anthony Bisquerra

Gigot, foin et liberté : Anto fait son retour

Il s'appelle Anthony, mais ici on dit Anto.

Un diminutif comme un cri du cœur : celui d'un chef écorché, passionné, passé par les grands hôtels de Megève et revenu à une cuisine plus simple dans une ruelle du vieil Annecy.

Les saveurs des alpages dans l'assiette

Là, dans sa maison, son resto, il cuisine – comme il respire – après une apnée trop longue : franchement. *J'aime le foin, le genièvre, la paille… Ce qui fume, ce qui marque*, confie-t-il. Pas de cuisson rosée, ici on confit comme dans les souvenirs basques de famille. L'ail des ours ? Il le cueille en se promenant. Et surtout, il l'éloigne du sempiternel pesto, vu et revu. Le résultat : une viande douce, presque florale, escortée de légumes de caractère. Parce qu'Anto fait le choix de ranger définitivement au placard les plats « passe-partout ».

Une cuisine de parti pris en vieille ville

Dans ces quartiers très touristiques, entre deux cartes postales et marmottes en plastique, on est plus qu'habitué aux fondues insipides, et aux dégoulis de raclettes et de fondue. Toutefois ici au cœur de la vieille ville, une ribambelle de jeunes chefs dessine un nouveau paysage. *De jeudi à dimanche, tu peux vivre quatre restos, quatre vibes, quatre cuisines différentes.* Une scène qui se parle, se goûte, se soutient. Anto en fait partie. Comme un compétiteur revenu de blessure, il court désormais pour lui. Et il n'a pas fini de faire parler sa cuisine.

Pour Anto, la montagne n'est jamais très loin…

Toutefois, même installé en ville, Anthony garde la montagne dans le viseur. Son agneau ? Il vient de Cordon, un petit village perché face au mont Blanc. Il connaît le prénom de l'éleveur, le goût de l'herbe, la pente du champ. *Je n'ai pas coupé les ponts, j'ai juste changé de vallée.* Entre deux services, il garde le contact avec ses anciens complices d'altitude, les producteurs, les cueilleurs, les artisans qui font le sel, et le foin de ses plats.

Alors oui, il a « démontagné ». En tout cas pour l'instant. Mais comme Heidi en baskets, pas sûr qu'il tienne longtemps loin des alpages.

Pour 4 personnes

Temps de préparation : *1 h 30.*
Temps de cuisson : *1 h.*

Diots savoyards fumés aux oignons gourmands

Les diots

4 diots
2 oignons
1 bouteille de vin blanc de Savoie
30 g de beurre
2 branches de thym
1 feuille de laurier

Commencer par faire dorer les diots dans le beurre durant quelques minutes, une fois colorés, les réserver dans une assiette.

Éplucher et émincer les oignons, les faire revenir dans le beurre utilisé pour les diots, ajouter le thym et le laurier, bien faire revenir.

Mouiller avec le vin blanc, ajouter les diots et laisser cuire à feu doux à couvert 15 minutes. Vérifier de temps en temps la hauteur du vin blanc et y rajouter du liquide si nécessaire.

Coulis de ciboulette

25 ml d'huile de pépins de raisin
25 ml d'eau pétillante
250 g de ciboulette

Mixer la ciboulette avec l'huile de pépins de raisin, ajouter l'eau.

Assaisonner, conserver dans une pipette.

L'oignon gourmand

4 oignons
100 g de polenta grains moyens Alpina
25 cl de lait
25 cl de crème liquide
2 pommes de terre
1 botte de ciboulette
50 g de farine de riz
20 cl d'huile de pépins de raisin
15 cl de vinaigre blanc
10 cl d'eau
50 g de sucre
Sel
Poivre

Cuire 2 oignons dans du gros sel pendant 30 minutes à 180 °C dans un four.

Couper chaque oignon aux ¾ quarts sur la hauteur une fois cuit, retirer couche par couche en conservant les plus grosses (coque d'oignon).

Faire bouillir le lait et la crème, ajouter ensuite la polenta, cuire à feu doux une vingtaine de minutes. Assaisonner à la fin.

Faire des billes de pommes de terre à l'aide d'une cuillère à pomme parisienne. Cuire les billes départ eau froide pendant 5 minutes.

Mettre un oignon émincé dans un mélange de vinaigre blanc, d'eau et de sucre.

Émincer le 4e oignon très finement, le saupoudrer légèrement de farine de riz. Cuire dans un bain d'huile à 180 °C jusqu'à obtenir une belle coloration. Mettre de côté sur du papier absorbant.

Ciseler la ciboulette.
Conserver dans une boîte.

Le consommé d'oignons

6 oignons
50 cl de bouillon de poule
50 cl d'eau de cuisson des diots
50 g de beurre

Faire revenir les oignons émincés dans du beurre, bien faire brunir. Mouiller une première fois avec l'eau de cuisson des diots et faire réduire pratiquement à sec. Ajouter le bouillon de poule et laisser mijoter à feu doux jusqu'à ce que les goûts se concentrent bien. Écumer un maximum.

Finition et dressage

10 cl de bouillon de poule
Beurre

Faire chauffer votre coque d'oignon dans un peu de bouillon de cuisson et du beurre.

Détendre légèrement la polenta avec le bouillon de poule. Remplir avec 3 bonnes c. à soupe le fond de votre oignon, ajouter les billes de pommes de terre sur le dessus, les oignons frits, la ciboulette ciselée, les oignons au vinaigre. Parer et couper les diots en deux. Servir avec le bouillon bien chaud et un coulis de ciboulette.

Des diots divins

L'ÉTYMOLOGIE EST SOUVENT malicieuse, dans la cuisine savoyarde. Ainsi, une certaine tradition voudrait que le nom des *diots,* ces petites saucisses de porc, très prisées par exemple dans les grandes vallées de Maurienne et de Tarentaise, le pays de l'Albanais ou le massif des Bauges, vienne tout simplement du nom de... Dieu. C'est audacieux, mais c'est faux, si divines soient au goût ces saucisses qui se distinguent par la grosseur de leur grain : elles sont toujours hachées avec une grille moyenne ou grosse et intègrent de l'épaule, de la parure, du maigre, du lard, etc. Dans le cochon, tout est bon ! C'est juste une affaire de proportions, et de respect de la tradition qui veut que les diots, après que la viande hachée assaisonnée a reposé 24 heures, soit mise dans des boyaux naturels de porc puis égouttée et soigneusement étuvée, et pour cela suspendue dans un local aéré. On peut aussi les fumer, en les suspendant dans le fameux *ſtarfu,* cette cheminée pyramidale en bois que l'on trouvait dans les maisons de certaines vallées savoyardes, puis les accommoder de mille façons... par exemple avec du vin blanc, une roussette ou un chignin ?

Lucas Dumélie

Des diots aux sarments de vigne : un goût boisé et subtil

Le bon sens paysan en cuisine

Au bord du lac Léman, dans un cadre paisible et empreint d'authenticité, le jeune chef Lucas Dumélie a choisi d'ouvrir *Séchex-Nous,* un restaurant aussi chaleureux qu'inattendu. Diplômé du BSP (le bon sens paysan), l'école spirituelle du chef René Meilleur, Lucas se lance dans un défi culinaire où la cuisine de montagne se réinvente sans jamais trahir ses racines.

Aujourd'hui, il nous ouvre les portes de son univers avec une recette phare de la Savoie : les diots fumés aux sarments de vigne, accompagnés d'oignons gourmands, de polenta crémeuse et d'un bouillon d'oignons réconfortant. Une assiette qui sent bon la montagne, avec ce petit quelque chose en plus, inspiré par les eaux paisibles du Léman.

Des diots aux sarments de vigne

Ces petites saucisses savoyardes ont toujours été un classique des tables montagnardes. Lucas a choisi d'intégrer une technique peu commune : la cuisson aux sarments de vigne, un secret bien gardé par les vignerons pendant les vendanges à l'automne. *Je n'avais jamais travaillé cette méthode, ça m'a sorti de mon quotidien*, avoue-t-il en riant. *Le résultat, c'est une saveur subtile, une touche de forêt dans chaque bouchée, mais qui reste délicate.*

Oignons gourmands et polenta crémeuse : la montagne dans l'assiette

Pour accompagner ses diots fumés, Lucas a imaginé une garniture aussi généreuse que savoureuse. Il prépare des oignons de trois manières différentes, explorant toutes les textures et saveurs que ce légume peut offrir : fondante et douce, acidulée et légère, et un croustillant irrésistible.

Le consommé d'oignons en réconfort

Mais ce qui rend cette assiette vraiment unique, c'est le consommé d'oignons que Lucas sert en complément. Ce bouillon, qu'il compare à une version légère et moderne de la soupe à l'oignon, est préparé avec soin, avec des oignons caramélisés dans du beurre, puis mijotés avec l'eau de cuisson des diots et un bouillon de poule.

Avec ce bouillon d'oignons, j'ajoute aussi un coulis de ciboulette pour trancher avec une note légèrement acide et herbacée. Très direct. Pour lui, ce consommé joue un rôle essentiel dans le plat, apportant une touche finale qui vient équilibrer la richesse de la polenta et des diots.

Une inspiration du lac : la féra en substitut des diots ? Chiche ?

Bien que ce jeune chef soit passionné par la montagne, il ne peut s'empêcher de penser au lac qui borde son restaurant. Et s'il remplaçait les diots par de la féra ? Ce poisson typique du Léman, délicat et tendre, pourrait parfaitement se prêter à la technique de cuisson aux sarments de vigne. Lucas est tenté d'essayer !

Adrien Pollet

Pour 4 personnes

Temps de préparation : *45 min la veille, 1 h 30 le jour même.*

Temps de cuisson : *2 h 30 la veille, 30 min le jour même.*

Chamois des Aravis en Wellington

La pâte (à réaliser la veille)

400 g de farine
100 g de fécule de pomme de terre
8 g de sel
250 g de beurre
10 cl d'eau
6 jaunes d'œufs
Poudre de carvi

Réaliser la pâte en mélangeant tous les ingrédients dans un robot pâtissier. Filmer puis laisser reposer au réfrigérateur jusqu'au lendemain.

Les pommes (à réaliser la veille)

4 pommes type Belle de Boskoop
1,5 l de cidre brut

Éplucher les pommes, les couper en quartiers puis les épépiner. Les cuire à feu très doux dans le cidre pendant 1 heure. Elles ne doivent pas se désagréger. Sortir les pommes, les mettre dans un plat à four, puis faire réduire le cidre jusqu'à consistance sirupeuse. Verser sur les pommes et enfourner à 110 °C pendant 2 heures, les pommes vont absorber le cidre et confire. Refroidir puis les placer une à une dans un moule rectangulaire.

Le chamois

1 dos de chamois (garder 150 g pour la farce fine)
30 cl de mondeuse
25 cl de crème liquide
1 œuf (le blanc pour la farce fine, le jaune pour la dorure)
200 g de trompettes-de-la-mort
1 c. à soupe de beurre
2 oignons
2 carottes
Garniture aromatique : ail, thym, laurier, clou de girofle et baies de genièvre
1 c. à soupe de gelée de myrtille
Poudre de carvi
Sel et poivre

Désosser et parer le dos de chamois pour prélever les filets puis les ficeler. Garder 150 g pour la farce fine.

Réaliser une farce fine en mixant la chair de chamois avec la crème, le blanc d'œuf et 1 pincée de sel. Dans une poêle beurrée, faire cuire les trompettes-de-la-mort environ 5 min. Les hacher et les ajouter dans la farce.

Assaisonner le filet de chamois avec sel et poivre puis le colorer sur chaque face dans une poêle, laisser refroidir. Colorer les os et parures de chamois avec les oignons, les carottes, la garniture aromatique et 1 pincée de carvi. Déglacer au vin de mondeuse et ajouter de l'eau à hauteur. Mijoter longuement puis passer au chinois. Ajouter la gelée de myrtille puis réduire jusqu'à consistance sirupeuse. Préchauffer le four à 210 °C.

Diviser la pâte en 2 et abaisser chaque pâton régulièrement sur une hauteur de 0,5 cm.

Sur une feuille de papier cuisson, déposer la première plaque de pâte. Disposer un peu de farce fine puis placer le filet de chamois (prendre soin d'enlever la ficelle) et recouvrir celui-ci de farce. À l'aide d'une spatule, étaler régulièrement la farce sur tout le filet de chamois. Recouvrir d'une seconde plaque de pâte puis parer le tout en prenant soin de garder 1 cm de bordure. Appliquer la dorure (jaune d'œuf), puis enfourner 15 minutes.

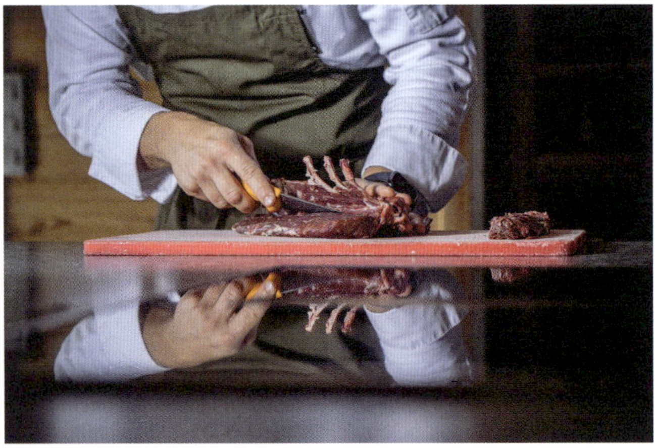

Finition et dressage

Quelques feuilles d'oxalis et des pickles de myrtilles

Tailler le chamois en croûte et le pressé de pommes puis dresser chaque élément en ajoutant quelques feuilles d'oxalis, les pickles de myrtilles et le jus sur l'assiette.

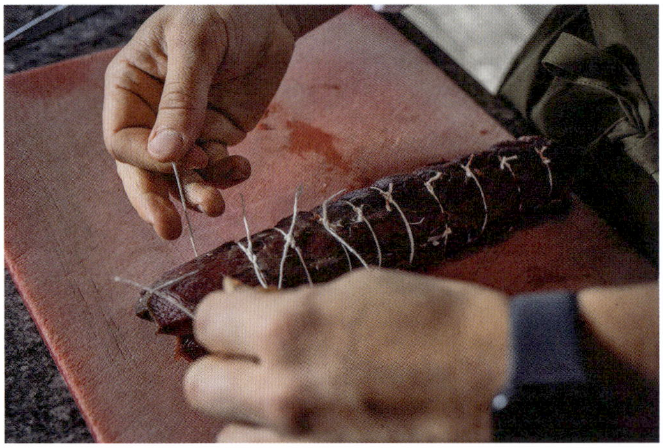

La beauté sombre de la mondeuse

L'EXPRESSION « VIN de montagne » peut-elle avoir un sens ? Ce qui est certain, c'est que les vignobles d'altitude ont leur histoire, et bien sûr leurs contraintes, qui obligent à jouer de la pente et des variations de climat. C'est le cas pour l'un des cépages les plus intéressants de la Savoie : la *mondeuse.* Autrefois extrêmement répandu, celui-ci a été victime du phylloxéra au XIXe siècle et aurait bien pu disparaître. Heureusement, il a résisté et permet de produire aujourd'hui un vin remarquable, d'abord par son aspect : une robe d'un pourpre foncé, qui peut aller jusqu'à un violet presque noir, d'une intensité magnifique. Ses arômes ne sont pas en reste, qui évoquent volontiers le cassis, la griotte ou la truffe : un certain goût du paysage s'y déploie, à sa façon. Il existe aussi en blanc, mais c'est dans sa variété sombre qu'on l'appelle également mandouse, salagnaire ou prossaigne : un éventail de noms possibles, qui appartient en propre à la rêverie du vin.

Le pari audacieux d'Adrien Pollet : le chamois comme un Wellington

Dans son restaurant, *Le Cairn,* perché au cœur des montagnes dans les Aravis, Adrien Pollet laisse libre cours à sa créativité pour donner une nouvelle dimension à la cuisine de montagne.

Le Wellington, c'est plus qu'un plat, c'est une démarche élégante, une manière de présenter la viande en lui ajoutant de la subtilité, explique-t-il.

L'art de maîtriser le gibier

Pour le jeune chef, revisiter le chamois façon Wellington, c'est aussi maîtriser les subtilités d'un produit d'exception, en jouant sur l'équilibre des saveurs. Adrien Pollet a renoncé à la marinade traditionnelle pour préserver le goût authentique du gibier, et a préféré ajouter une légère acidité en intégrant des fruits rouges sous forme de pickles, qui apportent une fraîcheur bienvenue.

Quant au filetage, une étape clé dans la préparation du gibier : *Il y a autant de techniques que de chefs, mais je préfère une approche simple : couper des ficelles assez larges pour obtenir une forme régulière avant de cuisiner. Ce détail rend la manipulation du gibier beaucoup plus facile et donne un résultat uniforme.* C'est cette attention aux détails qui fait la différence, et qui témoigne de la rigueur du jeune chef.

Les saveurs de la montagne au centre de la scène

Installé dans le petit village de Saint-Jean-de-Sixt sur la route des grandes Alpes, le jeune chef puise son inspiration dans la nature qui l'entoure, et le chamois en est un exemple parfait. *C'est une viande rare, issue des montagnes et des efforts de la fédération de la chasse de Haute-Savoie, qui encourage les restaurants locaux à travailler avec ce produit exceptionnel,* explique-t-il. Pour le chef, travailler le chamois, c'est une manière de se reconnecter à ses racines montagnardes et de célébrer les ressources locales. *Les chamois, je les vois gambader autour du restaurant. C'est un animal emblématique, et pouvoir le proposer à ma table, c'est offrir une vraie part de montagne aux clients.*

La pomme comme complice gustative

La pectine naturelle de la pomme aide à obtenir cette texture fondante, et le cidre réduit se transforme en un sirop qui enrobe les pommes d'une douceur discrète mais intense. Ces pommes confites se marient harmonieusement avec la richesse de la viande de chamois, créant une expérience de dégustation unique.

L'élégance du carvi et de la mondeuse

Pour donner une touche d'épice subtile et rappeler les saveurs de la montagne, le chef parfume la pâte de son Wellington avec du carvi. Cette épice aux notes anisées, largement utilisée dans les montagnes européennes, se marie avec la profondeur de la mondeuse, un vin rouge typique de la Savoie, qui vient déglacer les os du gibier pour créer une sauce sirupeuse et riche en arômes. *Le carvi, c'est comme une signature, un clin d'œil aux montagnes. Cela ajoute un caractère rustique tout en restant élégant.*

Pour 8 personnes

Temps de préparation : *1 h.*
Temps de cuisson : : *6 h la veille, séchage 8 h, cuisson 4 h le jour J.*

Blanquette de veau à la valdotaine

Croustillant de joue de veau

2 joues de veau
1 oignon
1 feuille de laurier
1 branche de thym
Gros sel

À réaliser la veille.

Laver à l'eau claire les joues de veau. Laver et éplucher l'oignon. Le tailler en gros morceaux.

Dans une casserole de 20 cm, réunir les joues, les herbes et les légumes taillés. Mouiller à l'eau claire à hauteur. Cuire pendant 6 heures à frémissement léger avec un couvercle. Décanter la viande, retirer la gaze avec les épices. Effilocher les joues sur un papier sulfurisé, les faire sécher 8 heures dans un four à 50 °C.

Faire frire 1 min l'effiloché de joue en friteuse à 150 °C, retirer la viande et la saler.

Carbonade de veau

1,5 kg de flanchet de veau (ou jarret de veau)
1,5 kg de poitrine de veau (sans os)
Huile d'olive
250 g d'oignons sauciers frais
10 baies de genièvre
10 feuilles de sauge
3 bouteilles de vin blanc (type jacquère)
2 branches de thym
1 kg de pommes de terre Agria
2 gousses d'ail
Farine de riz
1 l de crème fraîche à 30 % MG
Sel fin

Laver les morceaux de viande à l'eau claire afin de retirer le sang, puis les saler au sel fin. Éplucher les oignons sauciers et les tailler en deux. Tailler le jarret et le flanchet en cubes.

Dans une cocotte en fonte de 30 cm, colorer les cubes de veau à l'huile d'olive à feu vif. Obtenir une légère coloration. Ajouter les oignons sauciers coupés en deux. Puis les gousses d'ail écrasées, les herbes et les épices dans une gaze.

Mouiller avec le vin blanc et 0,5 l d'eau. Cuire pendant 4 heures.

Décanter la viande, retirer la gaze avec les épices. Éplucher les pommes de terre, les tailler en cubes et les cuire dans le bouillon de cuisson de la viande. Une fois cuites, réserver les pommes de terre et suivre la recette du siphon de pomme de terre.

Garder 40 cl du bouillon de cuisson. Crémer le reste du bouillon, le réduire et le lier.

Réunir la viande et les oignons dans la sauce, réserver dans une cocotte.

Siphon de pomme de terre

400 g de bouillon de cuisson des pommes de terre

1 kg de pommes de terre cuites (voir recette carbonade)

200 g de beurre

10 feuilles de sauge

500 g de crème à 30 % MG

Sel fin

Dans une casserole, réaliser un beurre noisette avec le beurre et la sauge. Une fois le beurre couleur noisette, réserver les feuilles de sauge frites pour la finition.

Mettre à bouillir la crème avec le beurre noisette dans une casserole de taille moyenne. Mixer tous les ingrédients avec la crème et le beurre chaud. Rectifier l'assaisonnement en sel et poivre.

Mettre en siphon puis gazer 2 fois. Garder dans un bain-marie à 60 °C.

Pickles d'oignons rouges (à réaliser 2 jours avant)

250 g d'oignons grelots rouges

150 g de sucre

15 cl de vinaigre de cidre

30 cl d'eau

1 branche de thym

Éplucher les oignons, puis les couper en deux. Mettre à bouillir à feu vif tous les autres ingrédients dans une casserole de 15 cm environ. Verser sur les oignons rouges. Couvrir (à réaliser 2 jours avant).

Finition et dressage

1 botte de ciboulette

Ciseler une botte de ciboulette.

Dans un bol ou une assiette creuse, mettre 2 c. à soupe de carbonade avec la sauce crème. Ajouter quelques pétales d'oignons rouges. Couvrir la viande avec le siphon de pomme de terre. Disposer le croustillant et les feuilles de sauge frites. Terminer avec de la ciboulette ciselée.

Una *blanquette* di carne di vitello

Y A-T-IL PLAT plus typiquement français que la *blanquette de veau ?* Ce must de la cuisine bourgeoise, qui s'impose au XIXe siècle et fera le bonheur entre autres du commissaire Maigret, qui en est grand amateur, n'a rien de particulièrement montagnard, dira-t-on. Il est d'autant plus remarquable de lui faire rencontrer le veau transalpin du Val d'Aoste, que l'on connaît plutôt pour ses traditionnelles « escalopes valdostana ». Cette rencontre est à l'image d'une longue relation, historique et aussi culinaire, entre les Savoie et la vallée d'Aoste, dont on peut rappeler qu'elle était devenue francophone en 1561, et qu'on y parle aujourd'hui encore le français aussi bien que l'italien, ainsi que l'arpitan, ce parler franco-provençal plein de saveurs. Parler, manger : deux façons heureuses de partager.

SAMOËNS

Loïc Renand

Blanquette de veau à l'italienne, le réconfort en partage

La carbonade de veau est un plat traditionnel du Val d'Aoste.

Une variante de la célèbre carbonade flamande, inspirée de l'histoire montagneuse des Alpes italiennes. Nous avons confié cette recette à Loïc Renand, un jeune chef ultra-talentueux de Haute-Savoie.

C'était un retour aux racines, un plat rappelant les montagnes de son enfance du côté de Samoëns, et la cuisine généreuse de sa mère et de sa grand-mère.

Un plat à partager, entre racines savoyardes et explorations en Val d'Aoste

Pour Loïc, le lien entre la Savoie et le nord de l'Italie est évident, tant dans les paysages que dans les saveurs. Des plats mijotés longuement qui rassemblent et qui réchauffent lors de repas familiaux partagés avec ses trois frères. C'est l'essence même de cette blanquette : un mets parfait pour une journée en montagne, réconfortant après une longue journée de ski ou de randonnée. *On peut présenter dans la cocotte même, et chacun se sert. Il y a toujours de la place pour celui qui arrive, c'est notre cuisine de famille*, explique Loïc.

La blanquette à la fumée : une variation savoureuse

Contrairement à la blanquette classique, où la viande n'est pas colorée, Loïc opte pour une cuisson où la viande est légèrement dorée, laissant s'exprimer la réaction de Maillard qui ajoute des saveurs grillées et fumées. *C'est un clin d'œil à la carbonade de bœuf du Nord, où l'on obtient une coloration intense*, explique-t-il. Mais ici, à l'inverse d'une carbonade où la bière domine, Loïc préfère le vin blanc, qu'il marie à la crème, pour une touche plus subtile, plus légère.

L'équilibre des saveurs : la rencontre des aromates

L'utilisation de la sauge et des câpres est un hommage à la saltimbocca, un classique italien qu'il adore et qu'il a appris à perfectionner chez Troisgros. *Le duo câpres et sauge apporte ce trait d'acidité que l'on cherche, et un côté sucré résiduel en bouche.* C'est cette subtilité aromatique qui transforme la blanquette en une expérience nouvelle, où chaque bouchée révèle des saveurs en couches successives.

La pomme de terre, bien plus qu'un accompagnement

Dans cette recette, la pomme de terre ne se contente pas d'être un accompagnement ; elle est la base, l'élément clé qui équilibre l'ensemble du plat. *La pomme de terre va casser ce côté trop riche, trop gras. Elle ajoute une profondeur, une longueur en bouche qui rappelle le vin*, explique-t-il.

Le dressage dans un simple bol : chaleur et simplicité

Enfin, pour le dressage, Loïc a opté pour une présentation simple : un bol, une cuillère. *Quand on mange ce plat, on a les mains froides. Un bol, c'est parfait pour conserver la chaleur et découvrir les ingrédients couche par couche*, explique-t-il. Chaque bouchée dévoilant une saveur différente, des chips de joue de veau croustillantes à la crème aérienne de pommes de terre parfumée à la sauge.

Plats de par

Quand la monta

Au cœur des montagnes, la cuisine devient un art du temps et du partage. Ici, tout se mijote, tout s'attendrit, tout se savoure. La cocotte en fonte trône au centre de la table, fumante, bouillonnante, exhalant des arômes qui réchauffent le corps et l'âme. C'est dans ce chaudron magique que les saveurs se rencontrent, que les ingrédients fusionnent pour offrir des plats généreux et gourmands.

Potée savoyarde

Le remède anti-froid

La potée savoyarde, c'est un peu le doudou culinaire des Alpes françaises. On y plonge des choux qui claquent sous la dent, des carottes gorgées de douceur, des navets et des pommes de terre. Les saucisses fumées s'y prélassent, tout comme le morceau de viande qui infuse lentement dans un bouillon aux herbes de montagne. Laissez mijoter des heures durant, et vous obtenez un plat réconfortant, une potion magique contre les rigueurs hivernales. C'est le genre de plat qui vous colle au cœur, qui vous enveloppe comme une couverture bien chaude après une journée passée à affronter les éléments.

tage

gne se mijote

La pomme de terre star
Étonnez-vous avec une simple patate !

Matouilles, tartifles, pela et autres gratins : la star c'est la pomme de terre.

Ce tubercule magique introduit par Parmentier, avec le soutien du roi Louis XVI, a profondément modifié les cultures rurales. La cuisine des Alpes n'a pas échappé à cette révolution. Un ingrédient magique dont l'amidon crée du liant. Quant au fromage, il n'est pas fondu n'importe comment… Vous en comprendrez ici tous les secrets !

Quand tout le gratin est là !
Le plat incontournable en famille

En montagne, le gratin, c'est un plat doudou, une couverture qui réchauffe le ventre et l'esprit. Le gratin dauphinois, lui, joue la carte de la crème sans fromage, tandis que son cousin savoyard ose le beaufort et l'emmental. Ici, tout passe au four : crozets, courges, pain rassis ou feuilles d'épinards sauvages. Pas besoin de fromage pour gratiner, une croûte suffit à faire saliver. Né au XVIIIe siècle, le gratin est un plat malin, populaire, taillé pour affronter l'hiver. En montagne, il n'est jamais loin de la mémoire, ni de la gourmandise.

Farçon des alpages
Le gâteau surprise

Le farçon ou farcement des alpages, bien qu'il soit un gâteau, trouve aussi sa place dans un moule. Mélange de pommes de terre, de lard et parfois de fruits secs, il est cuit lentement au four. Le résultat est un plat à la fois sucré et salé, parfait pour clore un repas montagnard en douceur.

Rösti suisse
Le croustillant qui clôt le festin

Enfin, les röstis suisses, ces galettes de pommes de terre dorées, apportent une touche croustillante. Ils accompagnent à merveille tous ces plats mijotés, apportant un contraste de textures qui complète ce festin montagnard. Chaque village a son rösti.

Camille Vallet

POUR 8 PERSONNES

Temps de préparation : *1 h.*
Temps de cuisson : *1 h 20.*

Pela du Piémont

Brunoise de pommes de terre

200 g de pommes de terre Amandine
20 g de ciboulette
20 g de noisettes concassées
1 oignon ciselé
30 g de vinaigre de cidre de Savoie
15 ml d'huile d'olive
15 ml d'huile de noisette

Tailler les pommes de terre en brunoise. Les cuire dans l'huile d'olive quelques minutes jusqu'à l'obtention de pommes de terre fondantes. Laisser refroidir. Mélanger ensuite l'ensemble des ingrédients.

Siphon pommes de terre

750 g de pommes de terre Bintje
195 ml d'huile d'olive
25 ml d'huile de noisette
13 g de sel
500 g de crème
20 g d'ail blanchi

Faire cuire les pommes de terre à l'eau frémissante. Une fois cuites, les égoutter et les éplucher à chaud. Mixer au Thermomix (ou autre mixeur) en y ajoutant l'huile d'olive, l'huile de noisette et le sel. Monter à la crème avec l'ail blanchi. Passer au chinois et le conditionner en siphon.

Émulsion reblochon

20 cl de lait
20 cl de crème liquide
100 g de reblochon

Faire chauffer les ingrédients pendant 15 minutes environ. Mixer et passer au chinois. Réserver.

Chips de reblochon

1 reblochon fermier de Savoie

Tailler le reblochon en longues tranches fines. Les faire cuire sur une seule face dans une poêle antiadhésive à feu doux jusqu'à coloration (environ 5/6 minutes).

Poudre d'oignons grillés

1 oignon
10 cl d'huile de tournesol

Tailler de fines lamelles d'oignon. Les cuire dans de l'huile de tournesol jusqu'à l'obtention d'une belle coloration, puis hacher et réserver.

Copeaux de noisettes

80 g de noisettes

Torréfier les noisettes au four à 180 °C durant quelques minutes puis les tailler en six. Réserver.

Finition et dressage

Réchauffer le siphon au bain-marie à 60 °C.

Mettre l'émulsion à chauffer.

Préparer des copeaux de noisettes du Piémont.

Déposer 2 cuillerées de brunoise de pommes de terre au centre de l'assiette.

Recouvrir du siphon de pommes de terre.

Émulsionner le lait de reblochon, puis verser 3 cuillerées sur les contours.

Déposer la poudre d'oignon et les copeaux de noisettes du Piémont sur l'ensemble du siphon de pommes de terre de façon harmonieuse.

Déposer la chips au centre de l'assiette.

Décoration :
copeaux de noisettes du Piémont.

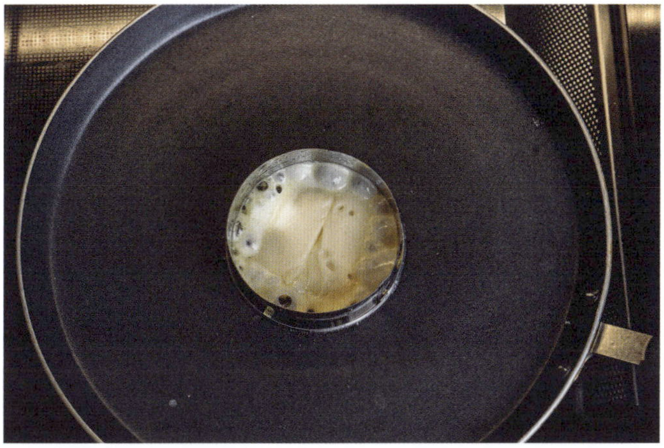

La pela : une autre tartiflette

La *pela* est une spécialité des Aravis, que l'on trouve également dans la Combe de Savoie : son nom laisse deviner sa signification première de « poêlée », plus spécifiquement aux pommes de terre et au(x) fromage(s), que l'on faisait donc cuire dans une poêle à long manche. Avant l'avènement touristique de la tartiflette, on faisait ainsi rissoler les pommes de terre accommodées avec des restes de fromage, et de façon privilégiée le reblochon. Celui-ci est bien sûr une star de Savoie et surtout Haute-Savoie : son nom viendrait, dit-on, de la *reblasse,* c'est-à-dire la deuxième traite que faisaient les fermiers pour leur propre compte, une fois la nuit tombée, après celle effectuée pour les propriétaires : ce lait de deuxième traite, moins abondant en quantité, était aussi plus riche en matière grasse… Cette origine supposée frauduleuse du reblochon est aujourd'hui controversée, mais il n'empêche que le fromage, exclusivement issu du lait des races montagnardes abondance, tarine et montbéliarde, demeure un must des tables et recettes contemporaines.

La pela 2.0 de Camille Vallet : et la montagne retient son souffle…

Camille Vallet, pur produit du Cantal, ne fait pas dans la nostalgie.

Sa cuisine cogne, tranche, bouscule. Il épure la tradition pour en faire surgir l'essentiel. Dans ses assiettes : une montagne rock'n'roll, sauvage, brute et précise.

Au *Base Camp,* perchoir gastronomique de l'hôtel *Pashmina* à Val Thorens, Camille Vallet s'attaque à un mastodonte de la cuisine alpine : la pela, alias la tartiflette. Exit le gras qui assomme et les assiettes plombées sous une avalanche de reblochon fondu. Ici, le chef taille dans le vif et envoie une version épurée, ciselée, qui catapulte la tradition en orbite.

La pela de Camille Vallet est une bombe à fragmentation. Une tartiflette qui jette les bases d'un nouveau récit alpin, loin des caricatures, mais ancrée dans la roche de Péclet. Un plat qui fait parler la montagne autrement.

Reblochon superstar : tartiflette sous haute tension

Le reblochon reste au centre du jeu, mais loin du bain de fromage fondu habituel. Chips de reblochon ultra-croustillantes, pommes de terre dynamitées par un vinaigre de cidre de Savoie, noisettes du Piémont en embuscade, et une émulsion lactée de reblochon qui caresse autant qu'elle secoue. Un plat qui danse sur le fil, entre tradition et modernité, comme un funambule sur une crête alpine.

Pommes de terre en freestyle : le choc des textures

Fini les rondelles mollassonnes qui nagent dans la crème. Ici, les pommes de terre se rebiffent : taillées, rôties, réveillées à l'acidité du cidre. En bouche, un ascenseur émotionnel : le chaud-froid du reblochon, le croquant des chips, le peps du vinaigre. Montagnes russes garanties.

La montagne comme ring gastronomique

Les Gorini, pionniers de Val Thorens, ont donné une deuxième vie à ces alpages dans les années soixante-dix. Si l'été les rares brins d'herbe jouent à la bataille avec quelques pierres, l'hiver c'est ici qu'il faut skier, au cœur des 3 vallées. Cédric Gorini, patron du *Pashmina,* n'a pas voulu un simple resto à fondue en plus. Il a levé une cordée, une équipe soudée : Camille Vallet, Sébastien Deléglise, Romuald Fassenet. Objectif : réinventer la cuisine de montagne sans la défigurer. Mission accomplie.

Antoine Gras

Pour 4 personnes

Temps de préparation : *45 min.*
Temps de cuisson : *6 h.*

Potée savoyarde fumée

Potée

1 jambonneau
1 kg de poitrine de porc salée
2 diots fumés
4 carottes
2 choux verts
1 oignon
1 clou de girofle

Mettre dans une cocotte en fonte la poitrine fumée et le jambonneau, ajouter de l'eau à hauteur et porter à ébullition. Débarrasser et rincer la viande à l'eau claire.

Remettre la viande en cocotte avec les légumes préalablement lavés et coupés en 4 et l'oignon piqué d'un clou de girofle. Ajouter 3 litres d'eau.

Cuire à feu doux pendant 6 heures en écumant régulièrement.

Récupérer un chou de la cuisson, mettre de belles feuilles de côté et garder une pièce pour la garniture.

Effilocher le jambonneau et rouler en forme de boudin dans un film plastique bien serré. Rouler ensuite ce boudin dans une feuille de chou vert mise de côté.

Tailler des tranches de poitrine fumée d'environ 2 cm.

Croûtons

4 tranches de pain de campagne
40 cl de bouillon de cuisson de la potée
60 g de saindoux

Faire dorer les tranches de pain des deux côtés, dans une poêle avec du saindoux, puis les tailler en mouillettes rectangles.

Disposer les mouillettes dans un plat et les imbiber avec du bouillon de cuisson de potée sans les recouvrir.

Garniture

4 carottes
1 céleri-rave
4 pommes de terre
1 chou vert qu'on aura récupéré de la potée
1 oignon blanc

Éplucher les légumes. Réaliser des billes dans les carottes, le céleri et les pommes de terre à l'aide d'une cuillère à pomme parisienne. Ciseler l'oignon blanc, le faire revenir dans une cocotte, ajouter les billes de légumes, saler légèrement, puis ajouter du bouillon de potée et cuire à couvert pendant 30 minutes.

Bouillon de potée fumée

1 oignon blanc
4 diots fumés
10 cl de roussette
40 cl de bouillon de potée
50 g de beurre

Émincer l'oignon et le faire revenir dans une casserole, ajouter les diots fumés taillés en morceaux et colorer l'ensemble. Déglacer au vin blanc, ajouter le bouillon de potée et laisser réduire le liquide de moitié. Verser dans une passoire pour récupérer le bouillon. Réserver les morceaux de diots fumés.

Au moment de servir, ajouter le beurre dans le bouillon et mixer à l'aide d'un mixeur plongeant de façon à obtenir une mousse onctueuse.

Finition et dressage

Dans une assiette creuse, disposer le morceau de poitrine en base puis le rouleau de jambonneau harmonieusement dessus. Poser le croûton imbibé sur le côté. Parsemer de billes de légumes, d'un beau morceau de chou et verser sur le côté le bouillon mousseux.

Un plat total

La potée savoyarde a le charme traditionnel d'un « plat total » qui autorise, à partir de ses ingrédients de base, toutes les variations, en fonction de ce dont on dispose... et qu'il ne faudra surtout pas jeter ! Selon la sage économie de la cuisine de montagne, si on faisait blanchir le jambonneau utilisé pour la potée, on pouvait par exemple réemployer l'eau pour faire cuire ensuite des pieds de porc, qu'on mélangerait avec des pommes de terre écrasées au pilon... Et de même les épluchures des légumes utilisés pour le plat étaient-elles destinées à nourrir les cochons, eux-mêmes destinés à nourrir la maison ! Cycle vertueux de l'art culinaire primitif, où rien ne se perd, mais tout se transforme, au gré de l'inventivité des cuisiniers ou cuisinières de village.

Antoine Gras
Le savant fou des sommets

Cheveux en pétard, regard inspiré, c'est le « Mozart de la cuisine »

Son collègue et ami Clément Bouvier le surnomme « le savant fou » – un clin d'œil à ses grosses lunettes rondes, et à son air parfois rêveur, presque juvénile. Mais derrière cette allure nonchalante se cache un cuisinier d'exception, amoureux de la montagne et de sa culture. *Ça fait onze ans que je suis installé à Val d'Isère. J'aime cette diversité, ces paysages, cette authenticité.* Antoine Gras est le chef de *La Table de l'Ours* à Val d'Isère et, dans la station, il incarne une cuisine de montagne inventive et ancrée dans le terroir.

Le cochon, c'est bon !

Ici, le cochon est roi. Antoine Gras met en avant le jambonneau et la poitrine de porc salée, qu'il cuit doucement avec du chou, des diots fumés et des légumes racines. Mais le twist, c'est le bouillon fumé, monté au beurre pour devenir une mousse onctueuse et enveloppante. *Logiquement, un bouillon de potée est clair. Moi, je veux qu'il ait la densité d'une sauce !* explique-t-il avec un sourire en coin.

Des croûtons qui ne font pas de la figuration

Un plat de montagne sans pain, ce serait presque un sacrilège. Ici, les croûtons sont dorés au saindoux, taillés en mouillettes et imbibés du bouillon sans être détrempés. Un jeu de textures qui amène croustillant et gourmandise.

La montagne, un laboratoire à saveurs

Val d'Isère évolue, certains parlent de « Dubaï des neiges », mais Antoine Gras reste fidèle à ses racines. *Je veux faire découvrir la cuisine de montagne, celle qui va au-delà de la fondue et de la raclette.* La potée, le pot-au-feu, ces plats de partage reviennent en force dans son restaurant, à côté de créations plus modernes comme son huître cuite au chou et réduction de potée.

Un plat à son image : généreux et précis

La potée savoyarde fumée d'Antoine Gras, c'est un condensé de son approche : un respect du terroir, une technique irréprochable et une touche d'audace. Une cuisine qui ne triche pas et qui, sous des airs simples, révèle une complexité et une maîtrise totales. Une chose est sûre : à *La Table de l'Ours*, on se régale.

Et, qui sait, peut-être que derrière ses lunettes, le chef pense déjà à la prochaine révolution culinaire des cimes, ici à Val d'Isère et nulle part ailleurs.

Jérémy Trincaz

Pour 2 personnes

Temps de préparation : *30 min.*
Temps de cuisson : *20 min.*

Croûte alpine à ma façon

Mélange d'épices

20 g d'ail semoule
10 g d'oignon déshydraté
8 g de paprika
4 g de curcuma
4 g de thym sec
8 g de poivre noir
3 g de carvi
8 g de piment d'Espelette

Dans un mortier, placer tous les ingrédients. Piler légèrement afin de rendre le tout homogène.

La sauce

1 œuf
10 g de beurre
1 gousse d'ail
½ oignon
2 branches de thym
Vinaigre de Xérès
10 cl de vin blanc
40 cl de crème liquide
50 g de fromage à raclette
8 g de mélange d'épices (voir plus haut)

Éplucher et émincer l'ail et l'oignon. Les faire colorer légèrement à feux doux dans un sautoir de taille moyenne. Déglacer avec le vin blanc et ajouter la crème liquide. Incorporer le thym et laisser réduire la sauce de moitié (la consistance doit être semi-épaisse). Passer le tout au chinois étamine. Garder 1/3 de cette sauce pour imbiber le pain de la prochaine étape.

Dans les 2/3 de sauce restants, ajouter le mélange d'épices et 50 g de fromage à raclette. Mixer énergiquement afin d'obtenir un mélange bien lisse et homogène. Placer dans un siphon, ajouter 2 cartouches en secouant bien. Réserver au tiède.

Séparer le blanc du jaune d'œuf, puis plonger le jaune dans un peu de vinaigre de Xérès durant 1 heure, afin de le cuire par l'acidité.

La croûte

La moitié d'un beau pain de campagne
2 tranches de jambon blanc
200 g de fromage à raclette

Tailler 2 belles tranches de pain de campagne. Celui-ci doit être bien ferme, même un peu rassis. Dans un ramequin, placer les tranches de pain et les imbiber avec la sauce réservée de côté. Placer par-dessus une tranche de jambon. Râper le fromage à raclette et le disposer par-dessus en formant un joli dôme. Cuire ces croûtes entre 8 à 10 minutes au four à 180 °C. Elles doivent être bien colorées, légèrement grillées.

La tuile de pain

Avec le reste du pain, tailler une très fine tranche de pain dans sa longueur. Dans cette tranche, tailler un rectangle d'environ 30 cm par 5 cm.
Le badigeonner d'huile d'olive. Le placer entre deux feuilles de papier cuisson, et rouler cette feuille autour d'un emporte-pièce inox d'environ 10 cm de diamètre. Cuire au four 6 minutes à 180 °C, jusqu'à l'obtention d'une belle coloration blonde. Attention à bien être prudent lors du démoulage de la tuile.

Fricassée de champignons

250 g de champignons du moment (girolles, cèpes, chanterelles grises ou trompettes-de-la-mort)
1 filet d'huile neutre (tournesol, pépins de raisin, arachide)
½ échalote
1 gousse d'ail
1 branche de thym
10 g de beurre
10 g de ciboulette

Bien laver et égoutter les champignons. Éplucher et ciseler l'échalote. Écraser la gousse d'ail. Dans un sautoir de taille moyenne, faire revenir les champignons dans un filet d'huile. Assaisonner. Laisser griller quelques minutes jusqu'à l'obtention d'une légère coloration. Ajouter ensuite le beurre, l'ail écrasé et les échalotes ciselées. Laisser griller encore quelques minutes puis couper le feu. Ciseler la ciboulette et l'incorporer au mélange.

Finition et dressage

Dans une assiette plate, placer au centre la croûte à sa sortie du four. Placer autour la tuile de pain grillé. Ajouter la sauce au siphon. Placer le jaune d'œuf confit au centre de la croûte, et la fricassée de champignons autour. Décorer avec quelques pluches de cerfeuil, ou bien quelques aromates ou fleurs que vous avez à disposition dans la nature ou dans le jardin. Terminer ensuite avec une belle pincée de mélange d'épices.

Pour bien casser la croûte

LA *CROÛTE* EST une vieille amie des montagnes : elle symbolise cette cuisine de pauvres, où l'on accommode les restes, ici de pain et de fromage, mais qui peut se hisser jusqu'aux plus belles tables… C'est en tout cas un plat typique des Alpes, une recette ancestrale qui autorise toutes les fantaisies, et même les audaces, si le pain est rassis, si l'on n'a pas tout à fait fini le beaufort, l'abondance ou le reblochon, si l'on se risque à l'ail, à la crème, au beurre. Ce dernier permet d'enrichir encore une préparation des plus simples, mais tellement réconfortante, surtout si le climat est rude. Le beurre, il faut y insister, a toujours été un élément essentiel de la vie quotidienne à la montagne, avec ses pratiques propres de préparation et son vocabulaire si évocateur : le *poston* pour l'écrémage, la *borière* et le *modeu* désignant une baratte cylindrique, le traditionnel mole à boueur en bois… il n'est plus question seulement de cuisine, alors, c'est tout un monde qui revient !

La croûte au fromage customisée par Jérémy Trincaz

La croûte Mayen revisitée : tradition et twist en cuisine

À La Chapelle d'Abondance, aux *Cornettes,* une adresse de cœur, Jérémy Trincaz est un chef cinquième génération. Il aime relever des défis à la hauteur de ces montagnes du Chablais qu'il connaît par cœur. Avec son parcours de chef et de moniteur de ski, il incarne cet amour pour le grand air, les racines profondes et la générosité d'une cuisine qui rassemble. *Je suis monté en cuisine comme d'autres montent en piste : avec cette envie d'aller toujours un peu plus haut, un peu plus loin, mais sans jamais oublier d'où je viens.*

La croûte au fromage, c'est sacré !

Pour Jérémy, la croûte, c'est du sérieux. Mais c'est aussi un plat qu'il faut savoir doser, pour rester ancré dans la simplicité sans basculer dans la lourdeur. Les croûtes de fromage, ce sont les souvenirs de famille, les repas d'hiver où l'on partage un moment autour d'un plat fumant. Mais voilà, Jérémy a décidé de bousculer la tradition en s'inspirant de la croûte Mayen d'une famille de Leysin, en Suisse, tout en y ajoutant son propre grain de sel.

La croûte Mayen, c'est un peu le secret de Leysin, transmis de génération en génération. Lorsqu'on entre chez l'habitant pour y goûter, pas de panneau d'affichage ou d'enseigne flashy : la croûte, ici, c'est presque sacré !

Un pain à croûter et à craquer

Ici, pas question d'un pain croustillant comme on le ferait dans une simple tartine. Jérémy choisit un pain de campagne un peu rassis, presque oublié de la veille, qu'il imbibe légèrement avec une sauce crémeuse au vin blanc et aux épices. Cette sauce, c'est le point de départ d'un plat qui se veut à la fois rustique et raffiné. Au four, le pain se transforme, accueillant un dôme de fromage à raclette qui fond doucement, se mariant aux épices pour un résultat qui réchauffe le palais. *C'est une croûte qui a du caractère, mais qui ne pèse pas. Un peu comme un retour de randonnée : intense, mais sans vous épuiser !*

Une touche de légèreté

Ce qui distingue la recette de Jérémy, c'est le recours au siphon pour la sauce, une astuce qui allège la texture tout en gardant le goût puissant de la raclette et des épices. Pour le chef, cette technique apporte une vraie valeur ajoutée. *Ça reste rustique, mais le siphon ajoute une modernité, un petit truc qui évite la monotonie.*

Les champignons : une fricassée qui sent la forêt

Un autre élément essentiel de cette croûte revisitée, c'est la fricassée de champignons qui l'accompagne. Pour Jérémy, les champignons sont le lien direct entre la cuisine et la montagne. À chaque bouchée, on a l'impression d'être en pleine forêt, avec le parfum du sous-bois et cette texture légèrement croquante qui équilibre la douceur du fromage.

Une tuile de pain qui fait croustiller l'assiette

Pour ajouter un contraste de texture, Jérémy a pensé à tout : avec les restes du pain de campagne, il réalise une fine tuile croustillante. Cet ajout rappelle que, dans la cuisine de montagne, rien ne se perd. La tuile apporte un *crunch* bienvenu qui rehausse le moelleux de la croûte. Pour Jérémy, la croûte de fromage, c'est presque une *cuisine de bistrot montagnard* accessible, authentique, et sans prétention. *On n'est pas là pour épater la galerie, mais pour faire du bon, du vrai, du goût.*

Florian Langellier

Pour 8 personnes

Temps de préparation : *30 min.*
Temps de cuisson : *45 min.*

Tartifle, tome des Bauges, oignons comme une matouille

En prélude

Éplucher les pommes de terre. À cru, les creuser à l'aide d'une cuillère parisienne, garder les peaux et les parures. Cuire les pommes de terre creusées 20 minutes dans un four vapeur (90 °C) ou dans une eau frémissante. Ciseler un oignon, passer les morceaux dans la farine et les faire frire.

Tuile de pomme de terre

100 g de peau de pommes de terre agata
200 ml d'eau
80 g de pomme de terre crue
2 g de sel
32 g de fécule de pomme de terre
1 gousse ail

Mixer tous les ingrédients, débarrasser en casserole. Faire cuire la masse pour obtenir une pâte lisse et homogène.

Étaler cette masse sur un papier sulfurisé ou un silpat et faire sécher au four 2 heures à 75 °C. Une fois séchée, faire frire rapidement.

Purée d'oignon

1 oignon
Beurre
Sel, poivre

Ciseler un oignon. Avec du beurre, du sel et du poivre, le faire cuire jusqu'à ce qu'il soit bien caramélisé. Mixer le tout et passer la purée au chinois fin.

Purée de pommes de terre

200 g de pommes de terre agata
100 g de beurre
PM d'oignons frits
60 g de tome des Bauges

Cuire les parures de pommes de terre dans de l'eau, démarrage à l'eau froide. Une fois cuites, dessécher dans une casserole avec du beurre et rajouter une brunoise de tome et des oignons frits.

Crème de tome

300 g de crème
150 g de tome des Bauges
Poivre

Dans une casserole, faire chauffer à feu doux la crème avec la tome des Bauges, laisser réduire et mixer. Réserver pour glacer les pommes de terre ensuite.

Finition et dressage

Garnir la pomme de terre creusée avec la purée de pommes de terre, napper de la crème de tome des Bauges. Déposer la tuile de pomme de terre, sur le dessus, préalablement décorée avec des points de purée d'oignon et des oignons frits.

Le réconfort des pommes de terre

La *matouille* a de quoi rivaliser avec ses cousines plus connues, la raclette, la fondue ou la tartiflette : voilà une recette on ne peut plus réconfortante et résolument locale, spécialité de la vallée des Villards et du massif des Bauges, où l'on écrit « tome » avec un seul « m » avant de farcir le fromage de gousses d'ail, de l'arroser de vin blanc et de déguster le tout accompagné d'inévitables pommes de terre. L'histoire de ces dernières dans l'agriculture de montagne relèverait presque du roman et pourrait fournir, en tout cas, un épais volume d'études, pour montrer comment la pomme de terre s'est progressivement imposée jusqu'à devenir dans la culture populaire un élément spontanément associé à la cuisine savoyarde, au même titre que le fromage. Nul ne peut bien sûr oublier que ce tubercule d'abord considéré comme toxique, ou tout juste bon à nourrir les cochons, est un produit d'importation en provenance du Nouveau Monde, mais il est remarquable que son développement ait été aussi rapide dans les Alpes, dès la fin du XVIe siècle, où on l'appelle d'abord « tartufle » ou « truffe ». L'excellente adaptation de sa culture aux conditions d'altitude a donc fait de la pomme de terre une star de la montagne, et qu'elle soit *ratte, vitelotte* ou *agria,* aucun livre de recettes digne de ce nom ne saurait la négliger !

Florian Langellier
Matouille rock et cocotte vintage

La cocotte a changé de peau

Ici, la matouille ne gratine plus dans le fond de la cocotte familiale, elle s'élève.

Repensée par un chef pâtissier reconverti en cuisinier instinctif, elle prend des airs de « plat signature ».

La pomme de terre est creusée – à cru – farcie comme un bijou de montagne, nappée d'une crème fondue à la tome des Bauges, coiffée d'une tuile croustillante et piquée de purée d'oignons caramélisés. Un plat rustique, repensé au millimètre.

Pommes de terre et tome, quoi d'autre…

Le duo sacré – pomme de terre et tome – reste l'épine dorsale. Mais ici, la structure est déconstruite : cuisson vapeur, tuiles frites, crème montée. *On a voulu retrouver ce goût doré, fumé, au fond de la cocotte en fonte. Là où chacun gratte avec sa cuillère. Là où c'est le meilleur.* Ce clin d'œil au plat de partage devient un jeu de textures maîtrisé, un hommage à la cuisson d'antan, version semi-gastro.

Quand la pâtisserie déteint sur la cuisine

L'oignon caramélisé marque la recette, sans sucre ajouté, juste cuit doucement au beurre.

Je suis pâtissier à l'origine. La rigueur des textures, le travail des jus, je les transpose ici. Résultat : une cuisine précise, chaleureuse, tout sauf figée.

Un œil sur les Dômes, l'autre dans l'assiette

Depuis *La Ferme de Cupelin,* perchée au-dessus de Saint-Gervais-les-Bains, la vue est grandiose : dômes de Miage en face, l'aiguille de Bionnassay en majesté. Ce restaurant à taille humaine fait le pari de la cuisine d'auteur ouverte presque toute l'année, dans un village qui mêle terroir, thermalisme et sommets. À l'automne comme au printemps, la montagne reste dans l'assiette.

Tatoué cuisine, enraciné local

Florian Langellier a troqué ses tatouages pour des plats qui parlent à sa place. À 20 ans, les jeunes chefs inscrivent sur leur peau ce en quoi ils croient, comme un manifeste silencieux.

À 30, ce sont les gestes répétés, le feu maîtrisé, la découpe juste, qui marquent l'âme plus sûrement que l'encre.

Moins d'apparat, plus d'essentiel. Une cuisine qui se construit à la force des mains, dans l'humilité des techniques acquises avec le temps.

Avec son épouse Lauriane, ils forment un duo complice et engagé. *On a repris la maison de Romain Desgranges à deux. C'est maintenant notre chez-nous. La Ferme de Cupelin* n'est pas seulement leur restaurant, c'est leur projet de vie. Et cette matouille revisitée, un clin d'œil appuyé à une recette paysanne, devient sous leur regard un plat de chef, précis, tendre, ancré.

Marie Sibuet

Pour 10 personnes

Temps de préparation : *1 h 30.*
Temps de cuisson : *30 min + dressage.*

Chou savoyard

Ingrédients

1,5 kg de chou vert frisé savoyard bien pommé
4 l d'eau filtrée
Eau salée à 20 g/l pour ébouillanter les feuilles
100 g de beurre de fruitière
1 l de crème fleurette à 35 % MG
½ l de lait ribot
2 l de bouillon des épluchures de légumes
4 g de curry des Alpes
600 g de cèpes de montagne
1 gousse d'ail
500 g de châtaignes en conserve ou surgelées
100 g de glace de champignons d'Annecy ou 200 g de champignons
2 g de bicarbonate de soude
Sel fin
Poivre du moulin
100 ml d'huile d'olive ou de colza

Glace de champignons d'Annecy

Laver puis découper les champignons en fines tranches, les cuire aussitôt dans une casserole qui ne noircit pas, quand les champignons sont tendres, égoutter, filtrer le bouillon et cuire ce dernier à feu doux jusqu'à ce que cela ressemble à un léger caramel blond, surveiller la cuisson, débarrasser dans un saladier jusqu'à l'utilisation.

Bouillon des épluchures de légumes

Épluchures de racines séchées à l'ombre
Carotte, céleri branche, racine de persil, navet violet, rutabagas, poireau, laurier, panais
4 feuilles de verveine
4 feuilles d'épilobe fermenté

Laver puis éplucher les légumes au couteau économe, bien les sécher, les placer sur un papier cuisson et laisser sécher dans un coin de la cuisine tiède et bien ventilé.

Dans de l'eau, faire infuser les peaux de légumes racines dans une proportion de 100 g de légumes secs au litre, ajouter 4 feuilles de verveine, 4 feuilles d'épilobe fermenté.

Farce de champignons

Passer les champignons cuits au mixeur pour obtenir un hachage rustique.
Dans une sauteuse, faire fondre 50 g de beurre de fruitière, ajouter les champignons poivrés et les réserver pour la farce des choux.

Le chou savoyard

Laver le chou à grande eau froide, raccourcir le trognon.

Séparer les feuilles du chou.

Ôter la nervure à l'aide d'un couteau tranchant.

Mettre les feuilles à tremper dans de l'eau froide.

Mettre la marmite remplie aux ¾ à plein feu, ajouter le sel.

Égoutter les feuilles vertes dans une passoire.

Mettre les feuilles vert tendre et jaunes à tremper dans de l'eau froide.

Plonger les feuilles vertes dans l'eau bouillante, ajouter le bicarbonate de soude, laisser remonter l'ébullition, puis compter 8 minutes.

Après ce temps, égoutter les feuilles et les plonger dans l'eau glacée, laisser tremper 2 minutes, les feuilles seront ensuite égouttées et placées sur un linge absorbant puis mises au frais.

L'embeurrée du cœur de chou

Plonger les feuilles vert tendre et jaunes dans l'eau bouillante qui a servi à ébouillanter les feuilles vertes. Répéter les opérations de cuisson et de refroidissement.

À l'aide d'un couteau bien tranchant, découper les feuilles jaunes dans le sens de la longueur, ne pas conserver la côte.

Dans une cocotte en fonte, faire fondre 50 g de beurre, ajouter le curry des Alpes (si vous n'en avez pas, utiliser du curry doux) puis ajouter les feuilles de chou jaunes, faire suer à feu doux pour bien imprégner le chou, mouiller avec le bouillon de légumes et la crème. Faire cuire à feu moyen, jusqu'à cuisson très tendre.

Ajouter à ce moment la duxelles de champignons, laisser encore mijoter jusqu'à ce que cela ressemble à une compote. Débarrasser dans un saladier et mettre au frais.

Les châtaignes

Utiliser des conserves maison ou des surgelées. Faire cuire les châtaignes au four, à couvert, avec du bouillon de légumes.

Les cèpes de montagne

Brosser les cèpes de montagne, les essuyer puis les couper en quartiers. Dans une poêle, les saisir avec de l'huile d'olive et 1 gousse d'ail, saler légèrement au sel de montagne. Récupérer le jus de cuisson, mettre les cèpes à égoutter et réserver.

Finition de la farce

Mélanger intimement le chou, réserver 12 marrons pour garnir les assiettes, incorporer le reste dans la farce.

Montage des choux

Réaliser des boules régulières de farce à chou.

Disposer 1 bande de gaze double disponible en pharmacie.

Étaler 2 feuilles de chou vert, les éponger si nécessaire, saler, poivrer, centrer la farce et refermer pour former une boule. Serrer fortement les boules de chou dans la gaze.

La cuisson

Dans une cocotte-minute ou une cocotte traditionnelle munie d'une grille, remplir à hauteur de la grille d'eau aromatisée de poudre de cèpes. Placer les choux et les cuire 30 minutes (laisser reposer dans la cocotte.)

La sauce

Dans une cocotte, faire réduire le lait ribot, ajouter le jus de cuisson des cèpes, le jus de cuisson des châtaignes et le bouillon de légumes. Réduire de moitié, si besoin on peut lier avec une pointe de Maïzena.

Dressage

Déballer les choux, les égoutter sur une plaque à grille, puis les glacer avec un coup de pinceau d'huile de noisette (conserver le jus que l'on filtrera dans la sauce).

Chauffer le plat de service ou les assiettes.

Faire mijoter les cèpes et les châtaignes avec un peu de jus, réserver au chaud.

Faire bouillir la sauce, goûter, rehausser si nécessaire.

Placer les choux au centre de l'assiette puis disposer en alternance les quartiers de cèpes, les châtaignes puis lustrer le chou au jus.

Le chou polyglotte

Quand on s'interroge sur leur nom ou leur histoire, on s'aperçoit que les légumes ou les plantes ont la parole, et qu'ils sont même volontiers polyglottes ! Prenons le chou : voilà un ingrédient de recette typiquement franco-italien, selon qu'on l'appelle « chou de Milan » ou « chou de Savoie »… pour désigner en réalité la même chose ! On dit de ce beau chou aux feuilles frisées ou gaufrées vert foncé, dont l'origine première n'est pas certaine, qu'il était très apprécié par Catherine de Médicis. Peut-on dire de lui, alors, que c'est un légume de la Renaissance ? C'est plus simplement un aliment dont la fortune tient à sa simplicité et à ses vertus de conservation, comme souvent en montagne : un légume de pauvres, plutôt que de cour. Vanté au fil des siècles pour ses vertus nutritionnelles et même thérapeutiques (on en trouve souvent mention dans les textes de l'Antiquité, par exemple chez Ovide ou Pline l'Ancien), le chou résiste au grand froid comme aux changements de saison, se cuisine en salade comme en plat d'hiver : le parfait locataire d'un potager alpin.

Marie Sibuet
Le Relais Mont-Blanc, plus qu'un concept, un art de vivre

Je connais la famille Sibuet depuis bientôt trente ans…

Mon histoire avec eux commence alors que je suis étudiant quand, quelques diplômes mais pas beaucoup d'argent en poche, je donne des cours de français à Nicolas, le fils aîné de Jocelyne et de Jean-Louis. Très vite, je deviens l'invité du dimanche soir, pour partager « la soupe » dans leur magnifique chalet qui jouxte *Les Fermes de Marie.*

Ma famille vit loin, à Marseille, et je ressens le besoin d'être entouré. L'ambiance est joyeuse, chaleureuse, mais autour de la grande table, entre deux très bons plats, on ne parle que de travail et de projets. Les ouvertures d'hôtels s'enchaînent à un rythme effréné. *Les Fermes de Marie,* l'*Hôtel Mont-Blanc, le Lodge Park,* puis, Lyon, *La Bastide de Marie* à Ménerbes, et Ramatuelle avec *Villa Marie.*

Tout de suite, je ressens une amitié et une admiration sans faille pour ces pionniers de l'art de vivre à la montagne. Quatre formidables talents complémentaires et une seule vision partagée : l'esprit Maison avec un grand M. C'est d'ailleurs ici que j'ai goûté à mes premiers plats inspirés de la montagne. Des créations uniques de Nicolas Le Bec, chef ultra-talentueux sous le regard de Jocelyne Sibuet, qui ne laisse rien passer.

Les Sibuet, la famille Ingalls en mode 2.0

Depuis décembre 1989, les choses se passent ainsi. Les Sibuet ont inventé le luxe rustique, et accueilli une demi-douzaine de chefs pour diriger leur cuisine. Mais il n'est pas question de transformer la carte en restaurant étoilé. D'ailleurs aucun des membres de la famille n'affectionne les codes souvent étriqués des établissements dits gastronomiques. Leur plaisir : les plats de partage, les belles cocottes posées au milieu de la table, et de magnifiques desserts aussi gourmands que généreux.

Je repense avec émotion à chacun de mes moments passés avec eux, j'aurais aimé avoir leur talent, leur courage aussi. Lorsqu'il avait 15 ans à peine, Nicolas accompagnait déjà son père Jean-Louis pour l'aider à démonter des pannes et chevrons de fermes à moitié écroulées dans le Beaufortain, ou le val d'Arly. On les attendait jusqu'à la nuit tombée. Les mains pleines d'échardes, les copeaux dans leurs cheveux épais, je les voyais simplement heureux d'avoir sauvegardé quelques-uns de ces trésors, pour leur donner une deuxième vie ici à Megève.

Le style, c'est Jocelyne. Avec ses yeux turquoise, elle connaît et apprécie les valeurs de la montagne. Toute petite déjà, elle doit partager ses parents avec les exigences de ce métier d'hôtelier-restaurateur. Les Noëls s'enchaînent, il faut attendre que les clients remontent dans leur chambre pour avoir, enfin, un peu de tranquillité. Et les choses ont continué ainsi avec Nicolas et Marie… le métier et le respect du travail avant tout.

Aujourd'hui, les enfants se partagent la direction des affaires, avec toujours autant de talent et d'implication. Rencontre avec Marie, en duo avec Michel Lentz.

Alexis-Olivier Sbriglio : Nous vous avons confié la recette du chou farci de Jacqueline, c'était notre défi, et vous en avez fait un véritable plat de restaurant. En quoi ces recettes locales sont-elles inspirantes ?

Marie Sibuet : Elles font partie de notre ADN. Le chou me parle car c'est une recette de ma grand-mère Fernande. Elle nous le cuisinait quand nous étions petits. Un gratin au chou et châtaignes. C'était une recette qu'on mangeait avec nos cousins, je me revois éplucher les châtaignes avec ma cousine.

Pourquoi as-tu, avec ton chef Michel Lentz, mis cette version du chou farci à la châtaigne à la carte du *Relais Mont-Blanc ?* C'est pourtant un établissement haut de gamme…

Il faut bien comprendre pourquoi nous avons ouvert *Le Relais Mont-Blanc*. Avant c'était un autre concept baptisé *Les Enfants Terribles*. Une brasserie chic parisienne, plutôt traditionnelle avec de bons plats de cuisine française. Mais avec les années, on s'est retrouvé avec beaucoup de plats de ce type. Et on s'est posé une question simple : à Megève, je veux manger quoi ?

OK, mais vous avez déjà le *Vieux Megève,* qui fait essentiellement des spécialités savoyardes, et aussi un carnotzet aux *Fermes de Marie*, pourquoi avoir autant investi sur cette thématique ?

Je voulais aller plus loin. Un voyage le long des chemins et des routes, dans ces petites adresses dans les Alpes. De la France au Val d'Aoste, en passant par la Suisse. *Le Relais Mont-Blanc,* c'est ça ! Les antipasti Val d'Aoste à partager, une belle focaccia onctueuse. Les escalopes Val d'Aoste. Et ce chou…

Quelle a été la réaction de tes équipes, lorsque cette recette du chou farci est apparue dans les musts de la carte ? Ont-ils compris ? Est-ce que tu as hésité à le garder ou pas une seule seconde ?

Les équipes n'avaient pas du tout envie de ça. Mais j'étais convaincue par mon choix. Avec Michel Lentz, nous avons fait les premiers tests dans mon bureau. Son interprétation était parfaite tout de suite. Le goût était parfait, un vrai hommage à mes souvenirs de petite-fille : le gratin était crème châtaigne, en millefeuille.

Et j'ai particulièrement aimé de retrouver ce côté embeurré dans un chou farci. Je ne suis pas cuisinière, j'ai besoin de m'adosser à des chefs comme Michel. Je veux quelque chose de simple avec des produits cohérents, c'est ça *Le Relais Mont-Blanc*.

La recette initiale de Jacqueline était avec de la chair à saucisse. Pourquoi cette variante à la châtaigne ? L'originale n'était pas assez digeste pour la mettre à la carte ?

Je ne suis pas partie du chou, mais du gratin. Je voulais quelque chose d'esthétique. Je voulais retrouver le goût que j'avais dans mes souvenirs, avec une version végétale. La texture de la châtaigne rappelle la viande. Le succès a été immédiat. Le fait que ce soit végétal, ça plaît. Il y a l'esthétique aussi, presque en trompe-l'œil : quand tu le vois passer dans la salle, tu le veux !

Danny Khezzar

Pour 4 personnes

Temps de préparation : *2 h 30.*
Temps de repos : *3 h.*
Temps de cuisson : *1 h.*

Un simple gratin dauphinois en transparence

Huile verte

25 cl d'huile de pépins de raisin

1 botte de ciboulette

Faire chauffer l'huile à 140 °C dans une casserole en vérifiant la température au thermomètre de cuisson. Placer la ciboulette dans le bol du mixeur, verser l'huile chaude par-dessus puis mixer finement.

Passer au chinois étamine recouvert d'un torchon fin afin d'obtenir une huile sans impureté.

Chips transparente

Huile de pépins de raisin

1 grosse pomme de terre à chair farineuse (Agria) soit 150 g environ

½ gousse d'ail

2 branches de thym

½ échalote

1 c. à café de noix de muscade

20 g de fécule de pomme de terre

25 cl d'eau

Sel

Couper grossièrement la pomme de terre. Dans une casserole, rassembler tous les éléments sauf la fécule. Faire cuire l'ensemble 45 minutes. Passer la préparation au chinois puis ajouter la fécule et la mélanger énergiquement. Étaler finement la pâte obtenue sur la plaque silpat et laisser sécher au four 3 heures. Lorsque la pâte est sèche et cassante, frire des morceaux à 160 °C. La cuisson est très rapide, un aller-retour suffit.

Gratin

4 pommes de terre farineuses (Agria)

½ gousse d'ail

1 l de lait

1 l de crème

Beurre

Sel, poivre

Peler les pommes de terre et les tailler en lanières avec la mandoline, il faut qu'elles soient translucides. Les enrouler sur elles-mêmes.

Frotter un petit plat de cuisson à l'ail sans laisser aucun morceau, disposer les roses de pomme de terre dans le plat. Préparer un mélange lait/crème et assaisonner de sel et d'un peu de poivre (attention il gagnera en intensité à la cuisson). Ajouter ce mélange à mi-hauteur des pommes de terre. Faire bouillir sur le gaz, parsemer de quelques petits dés de beurre puis enfourner 1 heure à 150 °C. Avec une fourchette, retirer la peau qui se forme à la surface, puis incorporer le reste du mélange lait/crème et enfourner à nouveau 1 heure. En fin de cuisson, les roses doivent être dorées mais non croûtées.

La sauce champagne

Crème de cuisson du gratin
10 cl de champagne
1 pincée de noix de muscade
125 g de beurre

Récupérer la crème de cuisson du gratin, porter à ébullition puis ajouter le champagne. Assaisonner avec la muscade puis monter la sauce au beurre à l'aide d'un fouet pour obtenir une belle consistance.

Finition et dressage

Déposer un peu de sauce champagne dans chaque assiette. Ajouter une rose de pomme de terre bien chaude au centre, perler la sauce d'huile verte, terminer avec une chips transparente.

Le gratin du Dauphiné

Il est aujourd'hui si universellement connu qu'on en oublierait presque ce que son nom suggère : le *gratin dauphinois* est-il bien, à l'origine, un plat du Dauphiné ? Son histoire, quoi qu'il en soit, est indissociable de celle de la pomme de terre, dont la culture apparaît en Italie en 1565, puis une vingtaine d'années plus tard en Suisse : s'adaptant idéalement aux conditions alpines, il est probable que le tubercule commence alors à s'inviter dans la cuisine voisine du Dauphiné entre le XVIe et le XVIIe siècle. Ce qui est sûr, en tout cas, c'est que les origines du gratin dauphinois sont associées au duc Jules Charles Henri de Clermont-Tonnerre, lieutenant général et commandant en chef du Dauphiné, qui s'illustra dans les prémices de la Révolution française à l'occasion d'une émeute grenobloise – la « journée des Tuiles » du 7 juin 1788, à laquelle assista le tout jeune Stendhal – dont il permit qu'elle ne se terminât pas en bain de sang, en décidant de retirer ses troupes devant les insurgés. C'est lui qui offrit ainsi, quelques semaines plus tard, le 12 juillet 1788, un dîner aux officiers municipaux de Gap dont le menu mentionne, pour la première fois dans l'Histoire, un « gratin dauphinois ». Le duc finira guillotiné, mais le succès du plat ne cessera plus de croître, d'abord au XIXe siècle dans les régions alentour, puis à Paris et partout ailleurs, où il arrive parfois que l'on oublie cette absolue règle d'or : il n'y a ni fromage, ni œufs, dans le gratin dauphinois !

HOTEL
PRESIDENT
GENEVA

Danny Khezzar customise les grands classiques

Il y a des recettes qu'on ne touche qu'avec respect.

Le gratin dauphinois du chef Michel Rostang en fait partie. Un plat rond, chaud, réconfortant, où la crème nappe, le lait attendrit, et la pomme de terre s'exprime en toute simplicité. Une icône du grand chef natif de l'Isère. Mais Danny Khezzar ne se contente pas de rendre hommage : il le revisite avec grâce, sans jamais le trahir. C'est une autre version, une autre piste tout simplement.

Même base, autres codes

Les pommes de terre restent là. Mais elles sont taillées comme des pétales, roulées en roses translucides, dressées à la verticale, telle une sculpture. Le lait et la crème aussi. Mais au lieu de napper, ils sont travaillés en sauce montée au champagne, légère, vibrante, presque aérienne. Le fond est fidèle, mais la forme change de galaxie.

Un plat du dimanche en mode haute couture

Ce gratin n'est pas une réinvention spectaculaire. C'est un glissement maîtrisé. Une tradition qui s'allège, un plat familial qui nage en apesanteur, sans perdre ce qu'il raconte. Danny Khezzar ne modifie pas pour impressionner. Il révèle.

Une chips de pommes de terre

Le coup de maître ? La chips de pomme de terre transparente, réalisée avec un jus longuement infusé, lié à la fécule puis déshydraté, avant d'être soufflé à la seconde. C'est technique, c'est beau, ça dit tout du respect et de la liberté avec lesquels il aborde les monuments. Et comme tous les magiciens, on le voit exécuter son « tour de passe-passe » sans jamais voir la moindre couture. On est bluffés, tout simplement.

Danny Khezzar, une allure graphique, une cuisine sensible

Révélé par Top Chef, il ne cherche pas à s'imposer. Il compose, il bricole avec finesse, il transforme un gratin en expérience esthétique et émotionnelle. Entre patrimoine et musique, entre sauce montée et beats urbains, il cuisine comme il vit : cash, juste, à vif. Oui, il y a de la musique dans sa cuisine ! D'ailleurs il détaille son assiette comme on écrit une chanson : entre lignes claires et boucles sensibles. L'harmonie est toujours présente, y compris dans les ruptures… cette sauce au champagne détonne, nous catapulte ailleurs.

La nouvelle cuisine, elle est là

Michel Rostang est un chef-passeur : entre la tradition et la modernité, entre la bourgeoisie culinaire et la liberté des nouvelles générations. En 1980, il n'a pas été le plus radical, mais sûrement l'un des plus justes. Son gratin dauphinois sans fromage ni œuf est devenu un mètre étalon. C'est cette base solide, rassurante et technique, que Danny Khezzar vient aujourd'hui twister avec finesse, sans jamais renier ce qu'elle incarne : de la cuisine !

Desser alpins

Des merveilles de

De Noël à Pâques, des petites douceurs permettaient aux montagnards de prendre la force nécessaire pour passer l'hiver, en attendant l'arrivée d'un printemps toujours trop lent à venir. Les bugnes, rissoles, merveilles sont autant de trésors à découvrir. Saurez-vous y résister ?

Le biscuit de Savoie

Plus léger que la neige, plus doux que le souffle du vent

Imaginez un gâteau qui fond dans la bouche comme le premier flocon d'hiver… Voilà, vous avez le biscuit de Savoie. Né dans les hauteurs alpines, ce dessert aérien est le symbole parfait de la simplicité montagnarde. Avec des ingrédients aussi modestes que de la farine, des œufs et du sucre, c'est une parfaite harmonie qui rivalise avec les nuages. Et comme un tour de magie : le dessert idéal après une rude journée à affronter les vents glacials.

ts

douceur

Bricelets et merveilles
Les petites gaufrettes qui font craquer les Alpes

Fine et torsadée, chaque bouchée est une explosion de croustillant. C'est la gaufrette des montagnes, née dans les cuisines familiales pour égayer les longues soirées d'hiver. On la croque, on la déguste avec un petit verre de génépi, et soudain, l'hiver semble moins rude. On raconte que ces bricelets étaient autrefois offerts juste avant le Carême, comme un dernier péché mignon avant les semaines d'abstinence. Un dernier croquant avant le silence, une dernière note sucrée avant le jeûne.

Gianduja et sabayon
La dolce vita version montagnarde

Les Alpes ne connaissent pas de frontières, surtout quand il s'agit de gourmandises. Le gianduja, ce chocolat fondant enrichi de noisettes du Piémont, a traversé les montagnes pour conquérir les palais des gourmands. Cette douceur, qui marie le chocolat onctueux à la noisette croquante, incarne l'art de vivre italien dans toute sa splendeur.

Quant au sabayon – préparé avec des jaunes d'œufs, du sucre et du vin doux –, il est fouetté jusqu'à obtenir une texture aérienne, presque nuageuse. Le sabayon, c'est le soleil de l'Italie qui vient réchauffer les froides montagnes alpines, apportant une touche de douceur et de chaleur aux desserts. Que ce soit pour accompagner des fruits frais, des biscuits ou simplement à la cuillère, cette crème onctueuse fait vibrer les papilles avec sa légèreté et son goût délicatement sucré.

Meringues et crème de gruyère
Un trio de sommets sucrés

Enfin, qui peut résister aux meringues, ces petites douceurs croustillantes à l'extérieur et fondantes à l'intérieur ? En Suisse, en France, en Italie, elles sont partout, s'élevant sur les sommets des Alpes comme un trio de cimes sucrées. Et que dire de la crème de gruyère qui les accompagne si parfaitement ? Onctueuse, riche, elle enveloppe la meringue dans un cocon de douceur. C'est le mariage parfait, l'alliance des sommets qui vous emmène au septième ciel.

William Hantson

Pour 8/10 personnes

Temps de préparation : *25 min.*
Temps de cuisson : *40 min.*

Épogne roulée, vulnéraire et baies sauvages

Épogne

330 g d'œufs froids (soit 6 pièces de calibre moyen)
30 g de sucre
12 g de sel
480 g de farine T55
27 g de levure fraîche
250 g de beurre mou
Vanille et vulnéraire séchée en poudre

Préchauffer le four ventilé à 165 °C. Mélanger la farine, les œufs, le sucre, le sel, les poudres et la levure émiettée.

Pétrir la pâte jusqu'à ce qu'elle soit bien lisse. La pâte doit rester souple et s'étirer sans se déchirer.

Incorporer le beurre et stopper le mélange une fois celui-ci dissous.

Mettre la préparation au réfrigérateur pour faire durcir le beurre.

Crème à la vulnéraire

250 ml de lait
30 g de sucre
10 brins de vulnéraire séchée
3 cl de vulnéraire infusée
1 jaune d'œuf
1 œuf entier
30 g de sucre
20 g de farine

Faire infuser la vulnéraire dans le lait et le sucre. Blanchir les œufs avec le sucre et la farine. Cuire comme une crème pâtissière (mélanger le lait, le sucre et infuser la vulnéraire) jusqu'à ébullition. Mettre la crème à refroidir en la filmant au contact.

Finition et dressage

300 g de baies sauvages (cassis, myrtilles, framboises)
1 œuf

Sortir la pâte du réfrigérateur et l'étaler en rectangle. Disposer la crème froide sur les ¾ de la surface et ajouter les baies sauvages.

Former un rouleau et découper des portions de 3 à 4 cm avec une ficelle pour nouer la pâte sans la déchirer, ni écraser les fruits.

Disposer les morceaux dans le fond d'un moule à cake ou à gâteau.

Dorer à l'œuf battu et laisser pousser au-dessus d'un four tiède ou dans un endroit chaud. Une fois l'épogne bien levée, cuire 45 minutes à 165 °C en four ventilé.

Servir une fois refroidie.

Une simple brioche de fête

L'ÉPOGNE EST UN vieux gâteau populaire dont l'origine, semble-t-il, remonte au moins au XVIe siècle et qui se partage sans exclusive entre les pays de Savoie et la Saône-et-Loire, où on l'aime plutôt salée, avec par exemple des grattons. Du côté des Alpes, cette espèce de brioche cuite traditionnellement dans le four du village, réalisée à l'origine avec de la pâte à pain, peut prendre la forme d'une galette ou d'une couronne qui permet à peu de frais – nature, safranée ou volontiers assortie de pralines – de célébrer la fête des rois ou d'agrémenter les repas de Noël. Elle est aujourd'hui un incontournable des boulangeries savoyardes et se verrait bien reconnue par l'Unesco patrimoine culinaire… à partager !

William Hantson

Épogne, baies sauvages, brioche, ficelle et herbe magique

Des pognes à l'épogne

L'épogne, ce n'est pas une faute de frappe, c'est une trouvaille. Une brioche roulée qui a le goût du dimanche, le look d'un roulé à la cannelle sous stéroïdes, et la tendresse d'un souvenir d'enfance. Version montagne. Aux manettes : un cuisinier planqué dans la forêt, planqué pour mieux mijoter. Il a posé ses couteaux au *Moulin des Chartreux,* un vrai moulin, avec des pierres, une rivière et de la farine dans l'air.

Un roulé, bien gourmand

L'épogne, donc. Une recette oubliée que ses voisins octogénaires lui ont chuchotée, en remontant le fil du pliage : *on replie la pâte comme ça, pour que ça ne coule pas.* Le chef a noté, remixé, et pimpé l'affaire : vanille polynésienne, baies fraîches du jardin et… vulnéraire. Oui, cette herbe alpine qui sent la Chartreuse (la vraie, pas la liqueur) et donne des envies de roulades dans les prés. Infusée dans le lait de la crème pâtissière, elle devient le twist qui claque.

La pâte découpée à la ficelle

La pâte ? Beurrée à bloc, pétrie jusqu'à ce qu'elle devienne yoga, découpée à la ficelle comme un cinnamon roll qui aurait fait Erasmus en Savoie. Les baies sauvages s'y nichent sans chichi : cassis, myrtilles, framboises, le trio gagnant. Noé, 2 ans et demi, les a toutes goûtées pendant les tests. C'est lui le vrai chef. Et la cuisson lente, à 165 °C, donne cette croûte dorée, presque caramel, qui résiste à l'appel du couteau : ici, on déchire à la main.

Une belle brioche, plein beurre !

Visuellement, l'épogne a des airs de cette grosse brioche industrielle qu'on appelle « le Suisse », avec son fondant de sucre qui dégouline sur le dessus. Sauf qu'ici, pas de triche ni d'arôme trafiqué : on est sur du vrai, du franc, du montagnard, version artisanale, bien beurrée et connectée au terroir. Une brioche qui envoie du col et pas du plastique.

À déguster au petit déjeuner à la table d'hôte

Le Moulin des Chartreux ? C'est un repaire pour mangeurs sincères. Une maison d'hôtes, une table libre, et un chef qui bosse plus avec les producteurs qu'avec les influenceurs. La brioche roulée n'est pas encore à la carte – il préfère la servir au petit déjeuner, sans tambour ni nappe blanche. Mais qui sait. Un jour peut-être, entre deux herbes folles, elle poussera la porte du menu. Et là, on tiendra une vraie légende locale.

Raphaëlle Seigneur

Pour 10 personnes

Temps de préparation : *1 h.*
Temps de cuisson : *15 min.*

Biscuit de Savoie, fraises et épicéa

Biscuit à l'épicéa

8 œufs
200 g de sucre
125 g de farine
50 g de Maïzena
10 g de poudre d'épines d'épicéa torréfiées

Préchauffer le four à 180 °C. Séparer les blancs des jaunes d'œufs. Fouetter les jaunes avec le sucre jusqu'à ce que le mélange blanchisse. Ajouter la farine et la Maïzena tamisées et mélanger au fouet.

Torréfier les épines d'épicéa au four à 180 °C pendant 3/4 minutes, puis mixer jusqu'à obtenir une fine poudre. Ajouter 10 g de poudre obtenue dans l'appareil.

Monter les blancs en neige ferme. En verser ¼ dans le mélange. Fouetter vigoureusement pour détendre la pâte. Ajouter le reste de blancs en mélangeant délicatement à la spatule. Verser dans un moule beurré en forme de donut. Enfourner pour 20 à 25 minutes.

Vérifier la cuisson en plantant une lame de couteau dans le gâteau. Elle doit ressortir sèche. Démouler et laisser refroidir sur une grille. Une fois refroidi, couper le gâteau en deux dans la largeur avec un couteau-scie.

Glace à la mousse de forêt

50 cl de lait
50 g de sucre
100 g de fromage blanc
10 g de bryophytes cueillis dans les bois

Porter à ébullition le lait et le sucre. Infuser les bryophytes préalablement lavées, puis passer au chinois étamine.

Une fois la préparation refroidie, ajouter le fromage blanc. Fouetter, puis couler votre mélange dans une plaque afin d'obtenir une fine couche d'environ 2 mm. Mettre au congélateur. Une fois congelé, à l'aide d'un emporte-pièce, découper un anneau de même diamètre que le moule du biscuit.

Eau de fraise et tuiles de fraises

1 kg de fraises

Laver et équeuter les fraises. Cuire la moitié, ainsi que les queues, 10 minutes à 100 °C à la vapeur afin d'obtenir une décoction. En sortie de cuisson, presser le contenu dans un chinois étamine. Récupérer l'eau des fraises et réserver au frais dans une saucière.

Garder la pulpe, la mixer puis l'étaler sur un silpat préalablement graissé, à l'aide d'une spatule. Sécher au four à 90 °C. Lorsque c'est complètement sec, briser afin d'obtenir de petites tuiles croustillantes.

Couper en petits quartiers les fraises restantes. Les réserver pour le dressage.

Chantilly à l'épicéa

25 cl de crème liquide 35 % bien froide
40 g de sucre
10 g de poudre d'épicéa torréfiée

Monter la crème liquide bien froide en chantilly ferme. Ajouter le sucre et la poudre d'épicéa. Fouetter quelques secondes encore pour dissoudre le sucre et la poudre. Mettre en poche avec une douille ronde.

Finition et dressage

Dans une assiette creuse, disposer le premier disque de gâteau. Pocher la chantilly dessus. Disposer les ⅔ des fraises. Recouvrir avec le deuxième disque de biscuit. Pocher le reste de chantilly afin de recouvrir entièrement le gâteau. Disposer l'anneau de glace, et décorer avec le reste de fraises et quelques tuiles de fraises.

Servir, puis verser la saucière d'eau de fraise au centre du gâteau.

Un classique qui ne pèse pas

Comme pour tout mets un peu mythique, son origine est discutée, voire controversée, mais il semble certain que la recette du fameux *biscuit – ou gâteau – de Savoie* ait bien été élaborée dès le XIVe siècle, certains attribuant sa création à Pierre de Yenne, le maître-queux du comte Amédée VI (1334-1383), lequel était surnommé, on le sait, le « comte vert » d'après la couleur de son armure. Ce qui est tout aussi sûr, c'est que ce gâteau remarquable par sa légèreté et son moelleux, du fait du montage délicat des œufs en neige, a traversé les siècles sans peser, pour devenir une sorte d'emblème aérien d'une contrée entière, accommodable de bien des façons, et pourquoi pas associé aux saveurs des forêts, épicéa ou fraises des bois ?

Raphaëlle Seigneur
Pâtissière des bois et des sommets

Un dessert en bottes de rando

Ne vous fiez pas à son air de charlotte. Ce dessert-là, c'est un retour aux racines, à la mousse, aux épines, à la forêt profonde des Bauges. Raphaëlle Seigneur, pâtissière chamoniarde exilée aux Aillons avec son mari Marc Guy, réinvente le biscuit de Savoie à sa manière : brute, sensible, très nature. Loin du tumulte de Chamonix, elle puise désormais son inspiration dans le calme des sentiers boisés, entre bryophytes et épicéas.

Le charme de la moyenne montagne, retour aux Bauges

Son biscuit ? Une icône revisitée mais pas trahie. *Je n'ai pas voulu trop le dénaturer*, dit-elle. *C'est un monument de la pâtisserie montagnarde.* Une base moelleuse, parfumée à l'épicéa torréfié, montée comme un gâteau de voyage, coupée en deux et garnie de fraises fraîches, de chantilly boisée et d'un disque glacé à la mousse de forêt. L'épicéa y est traité comme une épice : il relève, il chauffe, il intrigue. *Je voulais en faire un fil conducteur*, souffle-t-elle. Son biscuit est fondant, léger et extrêmement onctueux, comme les paysages « tout moutonnés » de cette montagne.

Épicéa mon amour

L'épicéa est présent partout, dans le biscuit comme dans la chantilly. *Pour pousser vraiment le goût*, insiste Raphaëlle. *L'épicéa est considéré ici comme une épice. On relève, on rehausse le goût. En bouche, j'ai voulu quelque chose d'un peu torréfié.* Il structure la recette comme un bois précieux, donne du relief, une ossature, une sensation de sapin qui craque sous les dents.

Une mousse de forêt, comme un parfum d'enfance

La mousse, elle, c'est un pari olfactif et gustatif. *Quand on rentre en forêt, c'est ce qu'on sent immédiatement. Comme on pourrait associer l'odeur du foin à la ferme. Ça a vraiment cette odeur spécifique.* La mousse apporte ce petit goût de champignon, de terre fraîche – *il faut y aller avec parcimonie*, précise-t-elle. Trop, et l'effet devient dérangeant. Juste un disque glacé. Subtil, vibrant.

La montagne dans le ventre

Raphaëlle, fille de l'alpiniste Yannick Seigneur, a grandi dans les cimes. Escalades, sommets, bivouacs. *J'ai choisi de vivre à la montagne, de cuisiner dans la nature. C'est là que je puise mes ingrédients : beurre, crème, plantes sauvages, laits crus. Les produits du terroir sont nos racines. D'ailleurs je reviendrai sans doute vivre ici sous l'aiguille Verte.*

De Chamonix aux chemins secrets des Bauges

Des hauteurs de Chamonix aux forêts plus discrètes des Bauges, le choix est assumé. *À Chamonix, il y a toujours beaucoup de monde. Là, j'aime bien ce côté un peu plus caché dans les bois. Aux Aillons, on est seuls au monde. Les chemins de rando, ils sont pour nous. C'est ce qui fait la force des Bauges, c'est encore un peu méconnu, et une très bonne étape, en tout cas pour l'instant.*

Son biscuit de Savoie est doux, boisé, élégant. Comme une randonnée gourmande au fond des Bauges.
Une pâtisserie vivante, enracinée, libre. Comme elle.

Téophane Faucher

Pour 6 personnes

Temps de préparation : *45 min.*
Temps de cuisson : *15 min.*

Le sa(m)bayon des Alpes

Sabayon

50 g de sucre
50 g de miel de montagne
150 g de jaunes d'œufs
20 ml d'apremont
½ gousse de vanille de Madagascar
½ zeste d'orange

Dans la cuve du batteur, déposer avec le fouet les jaunes d'œufs avec le miel et le sucre et faire monter jusqu'à obtenir un mélange bien mousseux et blanchi. Ajouter le vin blanc apremont, la gousse de vanille et le zeste d'orange. Continuer de fouetter pendant 2 minutes.

Récupérer la cuve et la mettre au bain-marie tout en continuant de fouetter à la main pour cuire le sabayon jusqu'à 68 °C. Lorsque le sabayon est cuit, le remettre au batteur pour terminer le foisonnement et le faire refroidir. Lorsque le sabayon est prêt, le couler dans les bols et les laisser refroidir 1 heure au réfrigérateur.

Brioche toastée au miel

100 g de brioche
40 g de beurre
30 g de miel

Mettre la brioche 20 minutes au congélateur. Tailler des cubes de 1 cm par 1 cm, puis les remettre au congélateur.

Dans une poêle, mettre à fondre le beurre avec le miel. Lorsque le mélange est bien chaud, y mettre les cubes de brioche et les faire légèrement colorer. Débarrasser sur une plaque de four avec papier cuisson. Terminer la cuisson au four à 140 °C pendant 10 minutes.

Noix épluchées et torréfiées

100 g de noix « Franquette »

Dans une casserole, mettre les noix et recouvrir d'eau. Faire chauffer jusqu'à la première ébullition puis couper le feu. À l'aide d'une pince, enlever la peau des noix délicatement. Lorsque les noix sont prêtes, les mettre au four à 150 °C pendant 12 minutes jusqu'à obtenir une coloration et une torréfaction uniformes.

Une fois les noix torréfiées et refroidies, les couper en morceaux de taille moyenne.

Sauce apremont

500 ml d'apremont
50 g de miel
½ gousse de vanille de Tahiti

Dans une casserole, faire réduire l'apremont jusqu'à obtenir 100 ml de liquide, puis ajouter le miel et la vanille et faire chauffer jusqu'à avoir une sauce avec une consistance de miel.

Finition et dressage

1 tomme aux fleurs, taillée en cubes de 0,5 cm
Pâte d'ail noir de chez « Boutarin » en poche, prête à être utilisée
Les suprêmes d'une orange bio taillés en cubes
Pétales de fleurs comestibles

Sortir les bols avec le sabayon et les brûler légèrement au chalumeau. Déposer sur le dessus 7 cubes de tomme aux fleurs, 5 points de pâte d'ail noir, 6 cubes de brioche toastée, 6 morceaux de noix, 5 morceaux de suprême d'orange puis des pétales de fleurs comestibles.

Rajouter en finition une belle cuillère à café de sauce apremont en la répartissant sur tout le dessert.

APREMONT
BLARD & FILS

Le sabayon, ou l'art ancien de se faire mousser

DANS SON *Journal des Gourmands et des Belles ou l'Épicurien français* de 1807, le célèbre journaliste et théoricien fantasque de la cuisine Grimod de la Reynière notait, à propos d'un séjour qu'il avait fait en Italie : *J'y savourai aussi les ravioli et le sabaione que les gastronomes français auraient dû adopter.* Plus de deux siècles après ces lignes, nos gastronomes l'ont-ils adopté ? Ce qui est sûr, c'est que le *sabayon,* que le français a donc emprunté au mot italien de *zabaione* ou *zabaglione,* lui-même vraisemblablement issu du latin de Dalmatie sabaya (désignant une « sorte de bière »), est véritablement entré dans l'usage au XIXe siècle. Cette mousse où l'on incorpore à l'origine du marsala à des jaunes d'œufs, et qui peut connaître de multiples variations, est un possible symbole – un de plus ! – de l'accord culinaire qui se joue dans les Alpes entre la France et l'Italie. On dit ainsi qu'il fut introduit par Catherine de Médicis à la cour de France, au milieu du XVIe siècle, et on le prépare volontiers aujourd'hui encore, par exemple en Maurienne et plus généralement en Savoie, où il reste un dessert de choix.

TÉOPHANE
FAUCHER

Téophane Faucher
Quand un dessert alpin voyage de Turin à Courchevel

Un sabayon qui monte, qui monte

Jaune d'œuf, sucre, marsala. La base est connue. Mais ici, le sabayon part ailleurs. Il gagne en fraîcheur, en contraste, en verticalité. Téophane Faucher, jeune pâtissier de talent, a travaillé cette partition à quatre mains avec Jean-Rémi Caillon, le chef du tout nouveau restaurant étoilé *L'Alpage* à Courchevel. Le résultat : un dessert libre, enraciné dans l'histoire alpine, qui passe du remontant italien au pré-dessert savoyard, entre douceur et vivacité.

Un bol, six textures, qui dit mieux ?

Le sabayon devient la base, la sauce, le lien. Il est brûlé au chalumeau, déposé au fond d'un bol, puis réveillé par des éclats de noix torréfiées, des cubes de brioche toastée au miel, des suprêmes d'orange, quelques points de pâte d'ail noir, et de la tomme aux fleurs, en clin d'œil à la tradition savoyarde du « fromage et verre de blanc ».

Un jeu de textures maîtrisé – crémeux, croustillant, juteux – où chaque cuillerée raconte un paysage.

Le vin reste la colonne vertébrale

Pas de sabayon sans vin. C'est aussi l'esprit de la recette que nous lui avons confiée.

Et ici, c'est l'apremont qui structure le tout. Celui de Thomas Blard, tendu et parfumé. Réduit, monté en sauce avec du miel et de la vanille de Tahiti. *On a gardé cette force. L'acidité du vin permet de concentrer les arômes. C'était essentiel.*

Couleurs et parfums de montagne

Fini le sabayon monochrome, jaunasse. Ici, les couleurs explosent. *C'est mon côté féminin*, sourit Téophane. Pétales de fleurs comestibles, zestes d'orange, brioche dorée, fromage aux fleurs. Tout est là pour réveiller l'œil autant que le palais. Les fleurs viennent de Jean-Luc Raillon, l'ail noir de chez Boutarin. Tout est pensé, et chaque produit a une histoire.

Le goût du miel et des souvenirs

Le miel vient d'un apiculteur de la Motte-Servolex. *Petit, je partais avec mes parents visiter les gîtes, goûter le miel à la cuillère en bois. Adulte, il fallait que je lui fasse une place.* Un miel de montagne, floral, qui dialogue avec la tomme et les notes douces du sabayon.

Un dessert à partager, une recette à deux voix, une création libre enracinée dans les Alpes. Et sans doute, une future signature de *L'Alpage,* la nouvelle table gastronomique de la Maison Pinturault à Courchevel 1850.

Judith Fraissard

Pour 8 personnes

Temps de préparation : *3 h.*
Temps de cuisson : *2 h (compote)*
+ 10 min (crème anglaise)
+ 4 min (r'zoules).

R'zoules aux poires

Pâte à rissoles

250 g de farine T55

140 g de beurre (70 g pour la pâte et 70 g pour le tourage)

1 œuf

10 g de sucre

6 g de levure chimique

60 ml de lait

3 g de sel

1 l d'huile neutre (tournesol, arachide...) pour la friture

Dans un verre, diluer le sucre et le sel dans le lait. Au batteur avec la feuille ou à la main, sabler le beurre (70 g) avec la farine et la levure pour le réduire en petits morceaux. Ajouter l'œuf et le lait, pétrir pour obtenir une pâte lisse et homogène.

Étaler la pâte en un carré de 10 cm × 10 cm, filmer et réserver au réfrigérateur 1 heure.

Tourage de la pâte

Sur un plan de travail légèrement fariné, étaler la pâte en un carré de 16 cm de côté, puis étaler le beurre en un carré de 8 cm de côté. Positionner le beurre au centre de la pâte et rabattre les bords de la pâte dessus afin d'emprisonner le beurre.

Étendre la pâte au rouleau en une bande longue, étroite et régulière à 0,5 cm d'épaisseur. Donner un tour simple : plier la pâte en 3, en rabattant un des bouts sur le milieu de la pâte, et l'autre bout par-dessus le premier. Filmer et réserver 1 heure au réfrigérateur.

Astuce : il est nécessaire d'être bien régulier sur l'épaisseur de la pâte et de former un rectangle bien net pour réaliser un beau feuilleté.

Deuxième tour : Sur un plan de travail légèrement fariné, positionner la pâte de sorte que la pliure soit sur votre droite et étaler de la même façon : une bande longue, étroite et régulière à 0,5 cm d'épaisseur. Faire un tour double : rabattre les deux extrémités de la pâte en son centre puis replier les deux parties l'une sur l'autre. On obtient un pliage à 4 épaisseurs. Filmer et réserver 1 heure au réfrigérateur.

Compote de poires

10 poires Conférence (pas trop mûres), 8 pour la compote et 2 pour le dressage

50 g de sucre

10 ml de jus de citron

Éplucher, vider et couper les poires en morceaux. Dans une casserole, faire cuire à feu doux avec le sucre et le jus de citron pendant 1 heure. Mixer, la compote doit être épaisse. Réserver au frais.

Vin chaud

35 cl de vin blanc de Savoie type jacquère

50 g de sucre

2 rondelles d'orange

2 rondelles de citron jaune

1 bâton de cannelle

4 g de gingembre frais

1 badiane

50 g de raisins secs Sultanine

Réaliser un vin chaud : dans une casserole faire chauffer le vin, le sucre, les agrumes coupés en rondelles, le bâton de cannelle, le gingembre et la badiane. Stopper le feu à ébullition et laisser infuser 30 minutes à température ambiante. Filtrer, réchauffer le vin, verser dans un bol sur les raisins secs pour les réhydrater.

Astuce : pour une version sans alcool, remplacer le vin par du jus de pomme.

Sorbet poire-vin chaud

60 ml d'eau
20 cl de vin chaud
70 g de sucre
4 g de stabilisateur à sorbet
50 g de miel
500 g de pulpe de poire (ou de poire mixée)
5 ml de jus de citron jaune

Dans une casserole, faire chauffer l'eau, le vin chaud et le miel. À 45 °C, ajouter le sucre et le stabilisateur préalablement mélangés. Faire bouillir, puis verser sur la pulpe de poire. Réserver au frais. À froid, ajouter le jus de citron et mettre en sorbetière.

ASTUCE : si vous n'avez pas de sorbetière, vous pouvez acheter du sorbet poire chez votre glacier.

Sauce safran

25 cl de lait entier
25 cl de crème liquide
10 pistils de safran
100 g de jaunes d'œufs
50 g de sucre

Faire chauffer le lait et la crème, à ébullition ajouter le safran, filmer la casserole et laisser infuser 30 minutes hors du feu. Porter de nouveau à ébullition. Blanchir les jaunes et le sucre, verser dessus une petite quantité de lait, puis cuire le tout en casserole, comme une crème anglaise à 82 °C en remuant délicatement avec une maryse. Stopper la cuisson, réserver en boîte au réfrigérateur.

Cuisson des rissoles

Étaler la pâte à rissoles en rectangle assez fin de 1 mm d'épaisseur. Couper une bande de 12 cm de large. À l'aide d'une poche, déposer la compote de poires en petits tas de 8 g espacés de 8 cm. Sur chaque tas, ajouter 2 raisins égouttés. Humidifier légèrement la pâte autour de la compote à l'aide d'un pinceau. Replier la pâte sur elle-même de façon à emprisonner la farce, couper l'excédent de pâte.

Pour détailler les berlingots : appuyer la pâte avec le dos du couteau, couper avec la roulette cannelée. Faire rouler la pâte d'¼ de tour et répéter l'opération.

Astuce : il faut piquer avec la pointe du couteau les rissoles avant de les fermer, cela permet à l'air de s'échapper et évite qu'elles ne s'ouvrent en cours de cuisson.

Régler la friteuse à 180 °C, et faire cuire les rissoles en petite quantité pendant 4 minutes, la pâte doit être légèrement colorée. Après cuisson, débarrasser sur un papier absorbant.

Astuce : les rissoles doivent être cuites environ 10 minutes avant le dressage du dessert, pour ne pas être trop chaudes et rester croustillantes.

Finition et dressage

Réaliser une fine brunoise avec les 2 poires restantes, ajouter le reste des raisins réhydratés.

Étaler dans l'assiette une bande de compote de poire, dresser 3 rissoles dessus en intercalant avec la brunoise de poire/raisin, puis disposer une quenelle de sorbet poire-vin chaud.

Verser une petite quantité de sauce safran.

Judith Fraissard

R'zoules, r'trouvailles et r'vélations

Les r'zoules, on dirait un mot d'enfant ou un juron d'arpette.

En réalité, c'est un trésor culinaire planqué dans les replis de la montagne, une friandise précieuse que les anciens se passaient en douce : entre deux hivers, deux prières, deux rasades d'alcool de gentiane. À 1 800 mètres d'altitude, au-dessus de Bourg-Saint-Maurice, Judith Fraissard est allée chercher plus qu'une recette : une mémoire, celle de son pays.

Plus qu'une recette, un hommage aux anciens

Judith est d'ici. Une jeune pâtissière, formée chez les grands (Stéphane Buron au *Chabichou*, excusez du peu), qui a choisi de revenir ouvrir une adresse de cœur : *Le Terroir des Vignobles,* monté avec son mari Alexandre Damiens. Ensemble, ils tiennent une table sincère et vivante, entre vin nature, plats ciselés et bises glacées, à deux virages du col du Petit Saint-Bernard, la vallée d'Aoste en ligne de mire.

Quand on lui glisse la recette des r'zoules, ces rissoles feuilletées maison, farcies de compote de poires Conférence et de raisins réchauffés dans un vin blanc chaud à la cannelle, Judith remonte la piste comme une archéologue des fourneaux. Pas question de se lancer sur une fausse piste.

Elle enquête, questionne les anciens, fouille les souvenirs. Ce qu'elle découvre ? Que ces desserts n'étaient pas des caprices. C'était la seule fête. Le sucre des pauvres. La madeleine des alpages. Une bouchée de joie dans un monde rude.

Une crème anglaise aux notes de safran

Et quelle bouchée ! La pâte, travaillée en double tour, claque sous la dent. La compote, doucement citronnée, fond sur la langue. Un sorbet poire-vin chaud rafraîchit le tout. Et pour lier les éléments ? Une sauce safranée montée comme une crème anglaise, patiente et précieuse.

Un dessert comme un hommage. Une transmission. Un secret de famille qui aurait traversé les neiges. Et à La Rosière, quand la bise descend des cimes, on ne rêve que d'une chose : y goûter, ici dans ce paysage grandiose face aux sommets de la Haute Tarentaise, le magnifique mont Pourri dans l'axe.

Les chaussons rouges

Les *rissoles* sont une véritable institution du patrimoine culinaire que se partagent les campagnes genevoise et savoyarde. Ces petits chaussons de pâte brisée ou feuilletée, plutôt rectangulaires du côté français et arrondis du côté suisse (mais cette distinction n'est qu'une hypothèse, l'explication de leur forme n'étant pas sûre historiquement), sont fourrés de poires cuites et tiendraient leur nom du latin « russeolus », en rapport avec la couleur rougissante de la farce, du fait de leur préparation à la poêle. En Savoie, on les appelle aussi *rzules, rjeûles* ou *rjoules,* et on peut disserter à l'infini sur la pertinence de leurs variantes, chaque village ayant peu ou prou ses propres recettes… Leur présence est en tout cas attestée depuis le XIIIe siècle, et c'est seulement au XVIIIe siècle que la recette des rissoles sucrées semble s'imposer, avec en particulier des poires dites « à rissoles », particulièrement « dures à cuire » (et à peler) et réservées à ce seul usage culinaire, privilégié pour les grandes occasions et les fêtes de fin d'année.

Aurélie Collomb-Clerc

Pour 8 personnes

- Temps de préparation : *25 min.*
- Temps de repos : *2 h 30 (1 h + 1 h + 30 min) et une nuit au frigo.*
- Temps de cuisson : *1 h 30.*

Tarte croix de Savoie à la praline rose

Pâte sablée

250 g de farine
25 g de poudre d'amande
100 g de sucre glace
125 g de beurre
1 œuf

Dans un récipient ou dans la cuve d'un robot mélangeur, mélanger les poudres (farine, poudre d'amande et sucre glace) avec le beurre jusqu'à obtenir une texture sableuse. Ajouter l'œuf et bien mélanger pour obtenir une pâte homogène. Étaler régulièrement la pâte sablée à l'aide d'un rouleau à pâtisserie entre deux feuilles de cuisson. La réserver au froid pendant 1 heure.

Foncer la pâte à tarte dans le cercle pour réaliser le fond de tarte.

Cuire à blanc à 180 °C pendant environ 20 minutes jusqu'à obtenir une légère coloration de la pâte.

Crème praline rose

100 g de pralines roses concassées
150 g de crème à 35 % MG

Dans une casserole assez grande, faire cuire la crème et les pralines roses concassées jusqu'à 110 °C, contrôler la cuisson à l'aide d'un thermomètre. Couler la crème de praline sur le fond de tarte cuit. Une fois refroidi, mettre au congélateur pour que la crème de praline soit bien figée.

Crème brûlée

100 ml de lait entier
300 g de crème à 35 % MG
30 g de sucre
4 jaunes d'œufs
10 g de carvi en graines

Dans une casserole, faire bouillir le lait, la crème ainsi que la gousse de vanille fendue et grattée.

Laisser infuser 30 minutes avant de retirer la gousse.

Mélanger le sucre, l'œuf, bien faire blanchir. Ajouter le lait et la crème infusés. Verser dans le fond de tarte garni de crème praline bien froid. Cuire à 110 °C pendant 1 heure.

À la sortie du four, bien laisser refroidir et réserver au frais 1 nuit.

Croix, couleurs, saveurs

Avant d'être une pâtisserie, la *croix de Savoie* est bien sûr l'emblème d'un territoire dont l'histoire est riche et le blason commun aux deux départements français qui aujourd'hui le composent administrativement. Ce blason date du XIIe siècle, lorsque Amédée III, le premier comte de Savoie, choisit d'utiliser un pennon (le petit drapeau triangulaire et pointu que les chevaliers portaient au bout de leur lance) arborant une croix, avant de faire de ce motif de la croix sur pennon son sceau. Ces armoiries furent définitivement adoptées par la dynastie savoyarde sous Amédée V, comte de 1285 à 1323. Bien sûr, ce sont les couleurs qui frappent d'abord, de la croix blanche sur fond rouge : elles se retrouvent dans certaines variations culinaires et chromatiques, par exemple celles qui associent pour un dessert le sucre glace et la praline rose… Cette dernière, friandise si typique de toute une région, date elle-même du XVIIe siècle et est devenue, à sa façon, un emblème de la gourmandise.

Finition et dressage

100 g de pralines roses en poudre
50 g de sucre glace

Saupoudrer la tarte de poudre de pralines roses. À l'aide d'un pochoir, saupoudrer du sucre glace pour obtenir une forme de croix.

La vie en rose d'Aurélie Collomb-Clerc

Grande, lumineuse et décidée, Aurélie Collomb-Clerc bouscule les traditions avec son flair unique et son sens du style.

Entre les montagnes des Aravis et les coulisses de la Coupe du Monde de Pâtisserie, cette cheffe s'impose avec des créations à la fois audacieuses et ultra-instagrammables. Des grands noms comme Pierre Hermé applaudissent la fraîcheur de son approche, bien ancrée dans les tendances, tout en célébrant l'authenticité de son terroir.

La croix de Savoie rose : quand tradition rencontre tendance

Avec sa croix de Savoie à la praline rose, Aurélie fait swinguer la pâtisserie ! La douceur de la crème brûlée et le croquant de la praline rose se mêlent pour une explosion de saveurs, tout en rose bonbon, à la fois fun et élégante. Une superposition de textures, et beaucoup de gourmandise. Une bouchée, et c'est toute la Haute-Savoie qui vous fait un clin d'œil.

Une recette de famille, la tarte à la farcha

Lorsque l'on a confié cette recette reçue au conservatoire des recettes de montagne, Aurélie Collomb-Clerc l'a analysée avec calme et détermination. *Je crois avoir compris l'idée de cette recette. À l'origine, c'est un genre de flan, un peu lourd. J'ai tenté d'alléger le tout en faisant une crème brûlée. J'ai remis de la praline un peu partout. Le rose, c'est sexy non ?*

Les plantes et fruits des bois en vedette

Aurélie Collomb-Clerc aime se balader en montagne, et cela se ressent dans ses créations. De la myrtille aux bourgeons de sapin, de la reine-des-prés aux notes de sous-bois, elle chemine avec tact et finesse sur les sentiers des arômes d'altitude.

100 % local, 100 % glamour

Pour Aurélie, la pâtisserie, c'est plus qu'un dessert : *c'est ma vie !* Inspirée par ses racines haut-savoyardes, elle compose des créations ancrées dans le terroir et pourtant résolument modernes. Son truc en plus ? Un twist glamour sur les classiques. Chez elle, la pâtisserie de montagne devient pop, vive et pleine de caractère. Elle a fait du rose une signature qui frappe autant l'œil que les papilles. Ce dessert ? Un hommage ultra-gourmand, girly à souhait, qui trouve sa place aussi bien sur la table de fête que sur un feed Instagram bien pensé.

Pour 10 personnes

Temps de préparation : *45 min.*
Temps de cuisson : *30 min.*

Bricelets d'automne

Bricelets traditionnels à la farine de châtaigne

100 g de beurre de ferme
145 g de sucre blond
150 g d'œufs entiers de ferme
2 g de sel gris fin
250 g de farine de châtaigne artisanale

Faire à moitié fondre le beurre puis le mélanger à la feuille au batteur. Ajouter le sucre, le sel puis les œufs. Bien monter au batteur puis ajouter la farine. Laisser reposer au frais 2 heures minimum. Déposer à la petite cuillère dans un fer à bricelet bien chaud et préalablement graissé. Cuire jusqu'à la coloration souhaitée. Découper avec un emporte-pièce à la sortie de cuisson.

Crème de châtaigne

150 g de crème de marrons issue du commerce ou idéalement faite maison

Mettre en poche. Utiliser telle quelle afin d'assaisonner le dessert.

Chips de châtaigne

100 g de châtaignes fraîches entièrement épluchées

Une fois les châtaignes épluchées, les tailler en très fines tranches à l'aide d'une mandoline. Les faire sécher au four à 70 °C toute la nuit.

Pommes rôties au miel de montagne

2 pommes Boskoop ou Reine des reinettes de belle taille
40 g de miel de montagne
20 ml de vinaigre de cidre

Éplucher et vider les pommes puis les tailler en quartiers. Dans une poêle, à feu vif, colorer le miel et y ajouter les quartiers de pomme. Colorer ceux-ci sur toutes les faces puis déglacer avec le vinaigre de cidre. Débarrasser.

Plumes de pommes crues

2 pommes Royal Gala ou Reine des reinettes
15 ml de vinaigre de cidre

Tailler les pommes et les assaisonner avec le vinaigre qui va aussi permettre d'éviter l'oxydation.

Condiment au vinaigre de cidre

100 ml de vinaigre de cidre
10 g de sucre blond
1 g d'agar-agar

Dans une casserole, faire chauffer le vinaigre, une fois tiède, ajouter les poudres préalablement mélangées. Porter à ébullition durant une bonne minute puis débarrasser. Une fois complètement refroidi, mixer afin d'obtenir la texture d'un gel. Mettre en poche.

Chantilly au foin d'alpage

Crème infusée
300 g de crème liquide
30 g de foin frais d'alpage
Chantilly
100 g de crème infusée
100 g de crème crue d'alpage
8 g de sucre glace

Chauffer la crème en casserole, hors du feu ajouter le foin et laisser infuser à couvert pendant 30 minutes minimum. Filtrer puis faire complètement refroidir au frais. Monter au fouet la crème infusée, la crème crue et le sucre glace. Mettre en poche.

Poudre de foin d'alpage

150 g de foin d'alpage

Faire sécher le foin toute une nuit au four à 70 °C puis mixer pour le réduire en poudre fine.

Crème glacée au lait cru et aux bricelets**

330 ml de lait cru d'alpage
70 g de chutes de bricelets ou vieux bricelets
90 g de crème crue de ferme
1 pincée de fleur de sel
21 g de lait en poudre
50 g de sucre blond
Pousses et herbes d'automne

Facultatif, permet de limiter le gaspillage et d'apporter un twist à la recette**

Faire chauffer le lait et la crème puis hors du feu ajouter les bricelets et laisser infuser 1 heure. Filtrer, remettre à chauffer et ajouter le sucre et la poudre de lait. Porter à ébullition et débarrasser. Surgeler et débarrasser. Mettre à tourner en sorbetière.

Finition et dressage

Réaliser des étages entre chaque bricelet avec les différents éléments puis terminer éventuellement avec une quenelle de glace sur le côté.

Une savoureuse hostie

RECETTE TRADITIONNELLE DES pays de Savoie, le bricelet trouve son origine au milieu du XVIe siècle. On dit qu'il est lié à la gourmandise des moines, qui auraient eu l'idée de cette gaufre fine et croustillante pour améliorer l'ordinaire de l'hostie... et attirer peut-être davantage de fidèles aux offices. Quoi qu'il en soit, ce délicieux biscuit, qui peut connaître des déclinaisons sucrées ou salées, était conçu jadis dans un « fer à bricelets » pourvu d'un long manche, qu'on appelle aussi « briceletière » ou « fer à gaufre suisse »... ce qui n'est pas un juron du capitaine Haddock (mais bien l'appellation ad hoc) ! Le nom de cet appareil muni de plaques en métal finement décorées suggère la généalogie suisse des bricelets, qu'on servait en effet pour la fête fribourgeoise traditionnelle, la *bénichon*, et qu'on appelle en pays alémanique des « bretzeli ».

Le goût de la montagne par Tess Evans-Mialet

Un dessert à étages qui raconte sa montagne

Tess Evans-Mialet n'est pas du genre à tricher avec les saveurs. Originaire des montagnes d'Auvergne, cette pâtissière passionnée par la nature a réinventé le bricelet, une spécialité sucrée des Alpes suisses. Ici, chaque bricelet est une « page de terroir » où pommes, châtaignes et foin d'alpage écrivent une ode à l'automne. Inspirée par les traditions montagnardes, elle propose une recette directe, sincère, où chaque ingrédient vient rappeler les paysages d'ici, ceux de Megève et de ses alpages joufflus.

J'adore les bricelets. Quand je suis arrivée dans la région, c'était un terroir que je connaissais peu. Ma première réaction a été de me plonger dans ses livres de recettes, et le bricelet m'a beaucoup interpellée. On peut s'en servir comme outil de construction pour la recette. Et cela me correspond.

Chips de châtaigne : le croquant du terroir

Tess ne se contente pas de la douceur des marrons. Elle tranche de fines lamelles de châtaigne fraîche et les fait sécher toute une nuit. Ces chips fines et croquantes ajoutent une texture inédite. *La châtaigne, c'est aussi un peu d'amertume et de douceur mêlée, comme les montagnes.* Ces chips croustillantes rappellent le sol sec de la forêt en automne.

Pommes rôties au miel : le goût du verger dans l'assiette

Tess mise sur deux variétés de pommes qui ont du caractère : la Boskoop et la Reine des reinettes. Rôties au miel de montagne, ces pommes prennent des notes caramélisées irrésistibles. *Je veux que chaque bouchée ait le goût du verger*, confie-t-elle. Elle ajoute une pointe de vinaigre de cidre en fin de cuisson pour un équilibre parfait entre douceur et acidité. *La pomme, c'est à la fois rustique et chic. C'est la montagne dans son plus simple appareil.*

Plumes de pomme crue, le contraste vif

Pour apporter de la fraîcheur, Tess ajoute des fines tranches de pomme crue. Marinées rapidement dans un peu de vinaigre de cidre, ces « plumes » évitent l'oxydation et offrent une note acidulée bienvenue. *La pomme crue rappelle la vivacité du terroir, une fraîcheur brute qui s'équilibre avec la douceur du miel*, explique Tess.

Chantilly au foin d'alpage : la montagne en crème fouettée

Pour la touche finale, Tess crée une chantilly infusée au foin d'alpage. *Le foin, c'est l'odeur de l'alpage, ça raconte les prairies*, affirme-t-elle. Elle infuse d'abord du foin dans de la crème avant de la fouetter avec un peu de crème crue et du sucre glace. C'est cette chantilly qui apporte une note florale et subtilement herbacée, rappelant l'herbe des alpages.

Crème glacée au lait cru et chutes de bricelets : le goût « zéro déchet »

Enfin, Tess propose une crème glacée aux bricelets, en utilisant les chutes des gaufrettes. *Rien ne se perd dans cette recette, même les miettes deviennent précieuses.* Elle fait infuser ces morceaux dans du lait cru d'alpage, qu'elle combine à de la crème et un soupçon de fleur de sel. Une touche de lait en poudre pour donner de la texture, et voilà : une crème glacée au goût crémeux et légèrement sucré, parfaite pour accompagner les bricelets.

Quant à l'avenir de la cheffe ? Sans doute, ici à quelques kilomètres du mont Blanc. Un lieu de partage et de convivialité, avec encore et toujours de jolis desserts, autant d'occasions d'échanger avec elle.

Jonathan Chapuy

Pour 4 personnes

Temps de préparation : *2 h.*
Temps de cuisson : *1 h 30.*

Tarte au rumex alpin

À réaliser la veille

Feuilletage

400 g de pâte feuilletée de votre artisan pâtissier/boulanger
30 g de beurre
80 g de cassonade

Étaler la pâte feuilletée en l'abaissant à 3 mm d'épaisseur.

Laisser reposer 1 heure au réfrigérateur avant de la découper.

Une fois la pâte reposée, découper à l'aide d'un couteau d'office une bande de 3,5 cm × 51 cm puis un cercle de 15 cm de diamètre.

Réaliser un beurre pommade puis en badigeonner, à l'aide d'un pinceau, l'intérieur d'un cercle inox de 16 cm de diamètre, parsemer ensuite de cassonade. Faire de même sur une toile de cuisson.

Déposer le cercle beurré et recouvert de cassonade sur la toile de cuisson beurrée et recouverte de cassonade elle aussi.

Déposer à l'intérieur du cercle la bande de pâte feuilletée puis déposer au fond le cercle de 15 cm en le faisant adhérer à la bande en exerçant une légère pression avec les doigts afin de sceller les 2 pâtes ensemble.

Placer au congélateur 15 minutes puis chemiser l'intérieur de film alimentaire passant au four et garnir de riz (ou de poids de cuisson) jusqu'à hauteur de la bande de pâte.

Refermer le film en son centre pour emprisonner le riz (ou poids de cuisson).

Cuire ce fond de pâte feuilletée à blanc pendant 35 minutes à 160 °C.

À la sortie du four, enlever délicatement le pochon de riz, laisser reposer.

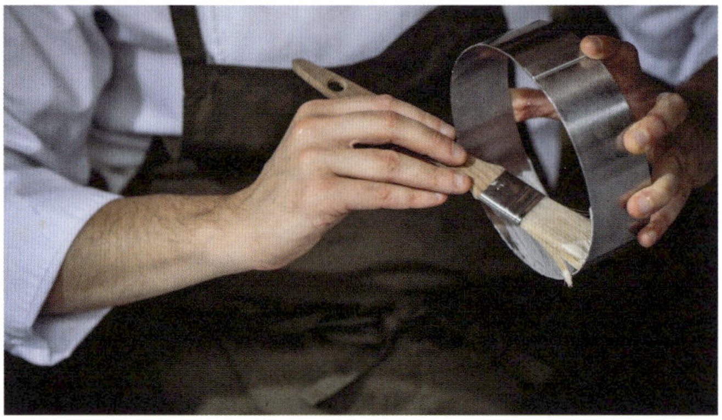

Sirop de pochage aux fleurs de sureau

500 ml d'eau
250 g de sucre
90 ml de jus de citron jaune
20 g d'ombrelles de fleurs de sureau
2 g de fleur d'hibiscus séchée
Quelques épluchures de rhubarbe
350 g de tronçons de rhubarbe épluchés

Dans une casserole, faire bouillir l'eau, le sucre et le jus de citron. À ébullition, couper le feu, ajouter les fleurs de sureau et d'hibiscus avec les épluchures de rhubarbe.

Filmer la casserole puis laisser infuser 2 heures. Filtrer ce sirop à l'aide d'une passoire fine.

Éplucher les tronçons de rhubarbe et couper des morceaux de 15 cm.

Plonger les morceaux de rhubarbe dans ce sirop à 60 °C environ jusqu'à ce qu'ils soient tendres et fondants tout en gardant une tenue. Compter environ 25 à 35 minutes.

Ils sont cuits lorsqu'une lame de couteau rentre sans trop de résistance.

Les égoutter pour stopper la cuisson et les conserver au réfrigérateur.

Une fois froids, égoutter les tronçons un à un sur papier absorbant et les placer sur une planche en les serrant bien.

Déposer par-dessus un cercle inox de 14 cm de diamètre puis tailler à l'aide d'un couteau tranchant les morceaux dépassant de ce cercle.

Filmer ce cercle, le retourner et le garnir avec le rond de rhubarbe fraîchement détaillé.

Réserver au frais.

Gelée légère au sureau

45 g de sirop de pochage aux fleurs de sureau
¾ d'une feuille de gélatine
11 ml d'eau
2 ml de jus de citron jaune

Plonger les ¾ d'une feuille de gélatine dans un grand volume d'eau froide pendant 10 minutes.

Tiédir le sirop de pochage aux fleurs de sureau et ajouter la feuille de gélatine préalablement essorée.

Ajouter ensuite l'eau et le jus de citron jaune.

Couler la gelée légère au sureau dans le cercle filmé avec le rond de rhubarbe et faire prendre le tout au réfrigérateur minimum 2 heures.

Le jour J

Appareil « grand-mère »

45 g de poudre d'amande
5 g de Maïzena
30 g de sucre glace
45 g de crème
**25 g d'œufs entiers,
soit la moitié d'un œuf entier battu**
100 g de tronçons de rumex alpin épluchés

Mélanger au fouet la poudre d'amande, la Maïzena et le sucre glace puis ajouter le mélange œufs et crème jusqu'à ce qu'il soit homogène.

Éplucher le rumex alpin à l'aide d'un couteau d'office afin de prélever l'écorce fibreuse puis tailler celle-ci en tronçons de 1 cm environ.

Garnir le fond de tarte feuilletée cuit à blanc avec 100 g de tronçons de rumex alpin épluché puis recouvrir avec l'appareil « grand-mère ». Cuire pendant 22 minutes à 160 °C.

Laisser refroidir complètement.

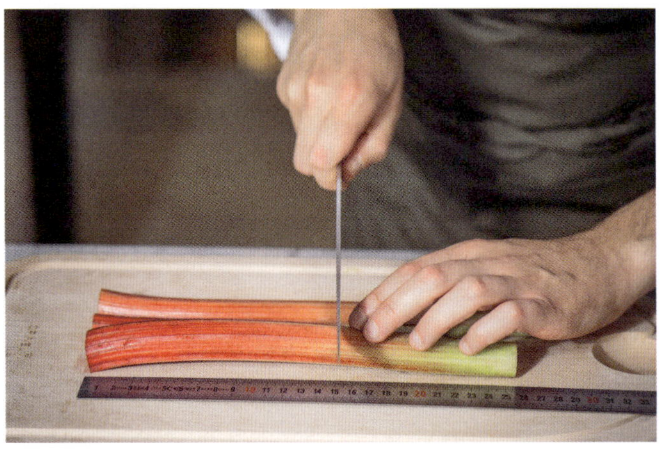

Finition et dressage

Laisser refroidir la tarte à température ambiante puis déposer délicatement en son centre le cercle de rhubarbe pochée en gelée de sureau.

Pour terminer, décorer la gelée avec quelques fleurs de sureau.

Reconnaissance au rumex

Le *RUMEX ALPINUS* cache sous son nom botanique un peu intimidant une plante herbacée coutumière de nos montagnes, de la même famille que la rhubarbe, à laquelle il s'apparente assez franchement : on peut de même en déguster le pétiole, et bien sûr en faire des confitures… ou des tartes. On trouve abondamment cette forme d'oseille sauvage, qu'on appelle aussi « rhubarbe des moines » (ces derniers travaillant la plante pour ses vertus curatives, en particulier dépuratives), sur les « reposoirs à bétail », ces terrains où paissent les troupeaux, souvent situés à proximité d'une cabane de berger, aux abords de chalets d'alpages, entre 1 000 et 2 800 mètres d'altitude : enrichis en nitrates du fait de la présence des bêtes, les sols favorisent le développement d'une végétation exubérante, facilement reconnaissable à ses grandes feuilles et ses hautes fleurs. On se servait d'ailleurs naguère de ces feuilles pour envelopper des denrées diverses et faciliter leur transport, si par exemple on descendait de la montagne. En somme, le rumex mérite mieux que l'ingratitude des randonneurs, qui négligent cet élément constitutif de bien des paysages alpins ! Sa présence sur une table de chef en témoigne dignement.

nathan Cha

Jonathan Chapuy

Quand le chef d'un palace part aux plantes

Sur les pentes vertigineuses des Alpes, les rares cultures de fruits peinent à se faire une place.

Pourtant, les baies sauvages – framboises, myrtilles et fraises des bois – mais aussi les plantes sont de magnifiques trésors pour faire de beaux gâteaux.

Jonathan Chapuy est l'un des pâtissiers les plus doués de sa génération. Vice-champion de France des desserts en 2018, il travaille dans le cadre très exclusif de l'*Hôtel Four Seasons* à 1 400 m d'altitude au Mont d'Arbois, auprès d'Ariane de Rothschild. Dans son quotidien, le jeune chef de 33 ans a la possibilité de cuisiner les plus beaux produits venus du monde entier.

Au conservatoire, nous avons reçu une recette de tarte au rumex alpin. Une plante cousine de la rhubarbe, qui pousse dans les sols riches en azote. On la trouve souvent au nord, à proximité des animaux de la ferme. Un défi de taille pour notre pâtissier, un produit rustique, a priori, éloigné de l'univers du chef.

Alexis-Olivier Sbriglio : Tu connaissais le rumex alpin ?

Jonathan Chapuy : De nom, oui, mais je ne l'avais jamais utilisé, contrairement à la rhubarbe.

Est-ce que la recette qui t'a été donnée t'a inspiré ? As-tu eu besoin de l'adapter ?

Je l'ai trouvée très gourmande. J'ai vraiment voulu garder la pâte de la recette en l'adaptant un peu avec une astuce de ma grand-mère, Michèle. C'est un appareil à base de sucre glace, de poudre d'amande, d'œuf et de crème, à mi-chemin entre le clafoutis et un appareil à tarte classique. Dans la recette originale, la poudre d'amande est là pour assécher la pâte et éviter qu'elle ne remouille (à cause de la rhubarbe) et là je la mets à l'intérieur. Ça va donner de la gourmandise, avec un effet moins « flan ». Ça marche à tous les coups !

Tu as rajouté aussi de la fleur de sureau, pourquoi ?

Parce que le rumex alpin et la fleur de sureau poussent en même temps, c'est un signe ! Il y a quelque chose à faire, un accord possible, tout comme les fraises et les bourgeons de sapin, l'abricot et la reine-des-prés.

Spécialiste des desserts à l'assiette, j'aime tes compositions très esthétiques, très précises. Or, les produits et les plantes de montagne sont rustiques, d'humeur changeante. Ça colle en pâtisserie ?

C'est le plaisir de travailler des produits vivants. L'essentiel est de goûter tout ce que l'on fait. On s'adapte à la sucrosité du fruit, la caractéristique de la plante que l'on va ramasser. J'ai appris cela depuis que j'ai débuté dans le métier.

Sébastien Vauxion a ouvert la voie avec un premier restaurant 100 % dessert à Courchevel. Est-ce que cela t'inspire ?

Oui, je réfléchis… Je cuisine la pâtisserie comme un cuisinier, et je le fais à ma façon. Utiliser la vinaigrette et l'huile d'olive avec des produits sucrés ? Oui, on peut !

D'un Marc à l'autre

Alexis-Olivier Sbriglio

Marc Veyrat m'a mis la cuillère dans la bouche comme on dégaine un flingue, avec précision et audace.

Marc Esquerré a « rectifié mon palais à l'équerre » en ordonnant mes sensations et mes souvenirs gustatifs avec la rigueur d'un chef d'orchestre qui règle ses coups. Ces deux-là, ce sont les tontons flingueurs de la gastronomie. Pas de chichi, pas de minauderie.

Ils dégainent, tirent et touchent toujours juste. À table avec eux, ça claque, ça explose, mais surtout, ça s'amuse !

Marc Esquerré, c'est le plus grand palais que j'ai jamais croisé. Avec son allure débonnaire et ses cheveux en bataille, il est toujours prêt à faire des kilomètres pour débusquer la bonne auberge, le talent oublié, ou le jeune chef qui pourrait bien faire parler la poudre… à condition de se tenir à l'écart de la cuisine « bling-bling ». Et quel nez ! En sillonnant la France avec lui pour Gault&Millau, j'ai appris à flairer ce qui l'amuse, à sentir ce qui pourrait l'inspirer et surtout, à repérer la mauvaise arnaque. Avec lui, on ne se laisse pas enfumer.

Et on a ri, souvent. Des dames de la bonne société un peu trop compassées, des jeunes sommeliers qui récitent leurs cartes comme des théorèmes de Pythagore et surtout, nous avons ri de nous-mêmes. Parce que, comme dans toute bonne farce, il faut savoir se moquer de soi. Tout ça, c'est un jeu, une comédie où l'on ne doit jamais se prendre trop au sérieux.

Tout ce qui est exagéré est insignifiant, martèle Marc Esquerré. Pas de bla-bla inutile, il préfère les chefs qui ont de la gueule, qui se tiennent droit dans leurs bottes et incarnent leur maison. Un paradoxe ? Peut-être, mais quand les ardoises sont bien construites, quand les menus affichent clairement la couleur, on est prêt à discuter, cartes sur table, sur l'expérience qui nous attend.

Et puis, il y a Marc Veyrat, toujours sur le pont, téléphone en main, haranguant le client en pleine rue à Megève. Il n'a jamais refusé une photo, jamais manqué une occasion de partager son univers avec ceux qui passent. Il sait qu'il n'appartient pas à ce monde « de la haute », et il aime expliquer son monde à lui, où l'on repart toujours au front, rien n'étant jamais acquis. Son 20/20 ? Un coup de maître, mais surtout un point de départ.

Entre ces deux Marc, deux flingueurs de la gastronomie qui savent aussi bien dégainer que rigoler, je me fais une petite place. Ils m'ont appris à goûter, à aimer, tout simplement. Et dans cette grande comédie qu'est la vie, c'est déjà pas mal, non ?

LES BONNES ADRESSES DE LA CUISINE DE MONTAGNE

Haute-Savoie

Alby-sur-Chéran

Enzo Duchesne
Restaurant Le Bourgeon
8, place du Trophée
Tél. : 04 50 33 01 52

Annecy

Anthony Bisquerra
Anto
14, faubourg Sainte-Claire
Tél. : 04 50 45 21 68

John Guillot
Racines
8, passage des Bains
Tél. : 04 50 09 12 43

Chamonix-Mont-Blanc

Marco Commazzetto
Casa Valerio
90, rue du Lyret
Tél. : 04 50 55 93 40

Quentin Veyrat
Auberge du Bois Prin
69, chemin de l'Hermine
Tél. : 04 50 53 33 51

Combloux

Florian Meyer
Signature
62, chemin de la Promenade
Tél. : 04 50 93 11 81

Lucinges

Benjamin Breton
L'Auberge de Lucinges
67, place de l'Église
Tél. : 04 50 39 64 74

La Chapelle d'Abondance

Jérémy Trincaz
Restaurant Les Cornettes
43, route des Frasses
Tél. : 04 50 73 50 24

Machilly

Hubert Chanove
Le Refuge des Gourmets
90, route des Framboises
Tél. : 04 50 43 53 87

Manigod

Aurélie Collomb-Clerc
Consultante en pâtisserie. Ambassadrice du Campus de Groisy

Margencel

Lucas Dumélie
Séchex-nous
2, route des Meules
Tél. : 04 50 72 48 81

Megève

Jonathan Chapuis
Four Seasons Hôtel Megève
373, chemin des Follières
Tél. : 04 50 21 12 11

Marvin Lance & Alexandre Ciesielski
Le Saint-Nicolas
252, route de Rochebrune
Tél. : 04 50 21 04 94

Tess Evans Mialet
Pâtissière de montagne indépendante

Julien Gatillon
Nous Restaurant
Impasse Madonne
Tél. : 06 48 77 25 42

Jean Pastre
Vous
36, rue Saint-François
Tél. : 06 59 55 95 83

Marie Sibuet & Michel Lentz
Le Relais Mont-Blanc
29, rue Ambroise Martin
Tél. : 04 50 21 20 02

Saint-Gervais-les-Bains

Florian Langellier
La Ferme de Cupelin
198, route du Château
Tél. : 04 50 93 47 30

Saint-Jean-de-Sixt

Adrien Pollet
Le Cairn
41, route de Thônes
Tél. : 04 50 10 82 45

Samoëns

Loïc Renand
Chef consultant
Tél. : 06 27 11 75 10

Servoz

Hugo Lemercier
Auberge des Gorges
81, route du Mont
Tél. : 06 78 38 57 30

Isère

Le Bourg-d'Oisans

Elisa Negri
Chez Elisa
7, rue de Viennois
Tél. : 04 76 79 30 40

Vaujany

Mélissa Marchal
Ida restaurant
469, place du Rissiou
Tél. : 04 76 80 71 00

Savoie

Aillon-le-Jeune

Raphaëlle Seigneur
Auberge d'Aillon et d'Ailleurs
Tél. : 04 58 39 01 30

Bourdeau

Jean-Baptiste Bruijnse
L'épicerie chez Jib
La Place
9, route du Port
Tél. : 04 79 68 75 99

Bourg-Saint-Maurice

Christophe Lancelot
La Folie Douce Les Arcs
Espace Mille8
Tél. : 04 79 40 25 95

Bozel

Lucie Faucheux
Millefeuille Café
50, rue Jean Jaurès
Tél. : 04 57 37 28 55

Courchevel

Antonin Buron
Le Chabichou
90, rue des Chenus
Tél. : 04 79 08 00 55

Téophane Faucher
Restaurant Alpage
734, rue de l'Altiport
Tél. : 04 79 08 04 60

Flumet

Kevin Bieber
Auberge des Églantiers
170, rue du Mont-Blanc
Tél. : 04 57 35 03 70

Les Belleville

Oscar Meilleur
La Bouitte
159, route de la Tarine
Hameau de Saint-Marcel
Tél. : 04 79 08 96 77

Montvalezan

Judith Fraissard
Le Terroir des Vignobles
CC Le Valaisan 2
1er étage
Tél. : 09 81 50 38 02

Moûtiers

Julie Ferreira
La Table de Julie
115, place Artistide Briand
Tél. : 04 80 81 98 37

Saint-Pierre-d'Entremont

William Hantson
La Table du Moulin des Chartreux
4, rue de Bazinière
Tél. : 04 79 65 94 77

Tignes

Clément Bouvier
Ursus
Tél. : 04 79 01 11 43

Val-d'Isère

Antoine Gras
La Table de l'Ours
Montée de Bellevarde
Tél. : 04 79 41 37 00

Val Thorens

Camille Vallet
Les Explorateurs
Place du Slalom
Tél. : 04 79 00 09 99

Suisse

Aubonne

Philippe Deslarzes
Njorden Restaurant
15, place du Marché
Tél. : (41) 21 80 85 090

Genève

Danny Khezzar
Le Bayview
47, quai Wilson
Tél. : (41)22 90 66 552

Il est monté vivre là-haut, il n'est plus jamais redescendu.

Depuis trente ans, **Alexis-Olivier Sbriglio** raconte la montagne : celle qui fume dans l'assiette, celle qui parle avec l'accent du beurre roussi et du fromage coupé à l'Opinel. Journaliste, dénicheur de jeunes chefs, il sillonne les Alpes françaises, suisses, italiennes et autrichiennes comme d'autres font des tours de salle. Depuis 2019, il mène des missions pour Gault&Millau partout en France, et co-anime *Toquicimes* l'événement phare de la cuisine d'altitude dans son village à Megève.
Ce premier livre, c'est un pas de côté : une immersion dans les cuisines d'en haut, où les produits ont une gueule, où les gestes parlent, où l'émotion se lit dans les silences de ces gens de montagne, qui ne se livrent pas au premier venu. Alexis ne signe pas un livre de cuisine de plus. Il signe ce qu'il est vraiment : un conteur des sommets, un passeur de goûts, un amoureux du vrai, du brut.

L'art de vivre au chalet

Éveillez vos sens, laissez votre main parcourir les veines de bois, sentez l'odeur de la charpente en bois massif qui enveloppe l'atmosphère, les pas feutrés sur la douceur du parquet, la lumière naturelle qui inonde les vastes espaces de vie pensés pour les moments en famille, et ce décor majestueux de la montagne environnante qui s'invite à travers les baies vitrées et qui aimante le regard. Vous êtes dans un chalet Grosset-Janin.

Un savoir-faire ancestral, qui se transmet depuis quatre générations, au sein d'une famille passionnée par le bois et experte de la construction sur mesure et de la rénovation de chalet. Un système de construction, le poteau poutre, qui allie parfaitement tradition et modernité dans une architecture de caractère, cossue et sobre à la fois.

Grosset-Janin, c'est aussi la célébration du patrimoine alpin et de son art de vivre authentique. On se retrouve dans la fraîcheur du matin ou le soir au coin du feu, on cuisine ensemble les produits du jardin ou des alpages en savourant le temps long et les plaisirs simples dans un chalet « cocon » aux matériaux nobles, naturels et durables.

« Accueillir ces chefs talentueux dans nos chalets pour y sublimer la cuisine de montagne était une évidence, et une fierté. Un projet qui met magnifiquement en lumière les ressources immenses de notre territoire alpin, et qui résonne pleinement avec les valeurs que nous défendons depuis 75 ans. »

Grosset Janin
CONSTRUCTEUR CRÉATEUR

Remerciements

Les éditions Glénat tiennent à remercier chaleureusement les 39 chefs qui ont accepté de jouer les alchimistes avec enthousiasme et professionnalisme, ainsi que les propriétaires des chalets Grosset-Janin dans lesquels les photographies ont été réalisées.

Les éditions Glénat remercient également pour leur aide technique :

Angel des montagnes
WWW.ANGELDESMONTAGNES.COM

Opinel
WWW.OPINEL.COM

Robur
WWW.ROBURSTORE.COM

Alpina, le plus ancien pastier français, depuis 1844.

La Fondation Facim, art et culture en montagne, est déclarée d'utilité publique. Elle œuvre pour la connaissance et la valorisation du patrimoine en Savoie Mont Blanc et instaure un dialogue entre ce territoire et des créateurs contemporains, écrivains et artistes. C'est dans ce cadre qu'elle a lancé un cycle thématique intitulé « Les Paysages du Goût » consacré, entre autres, au patrimoine culinaire.
WWW.FONDATION-FACIM.FR

Avec le soutien d'Auvergne-Rhône-Alpes Tourisme.

Achevé d'imprimer en France en septembre 2025 par Chirat, sur papier provenant de forêts gérées de manière durable.